El murmullo de los fantasmas

Boris Cyrulnik

El murmullo de los fantasmas

Volver a la vida después de un trauma

Traducción de
Tomás Fernández Aúz y Beatriz Eguibar

Herder

Título original: Le murmure des fantômes
Traducción: Tomás Fernández Aúz y Beatriz Eguibar
Diseño de la cubierta: Melina Belén Agostini

ISBN: 978-84-254-5449-3

Imprenta: Sagrafic
Depósito legal: B-5.176-2026

Impreso en España — Printed in Spain

Herder
www.herdereditorial.com

Índice

Introducción

Nadie podía adivinar que era un fantasma. Era demasiado bonita para que nadie lo creyese, demasiado dulce y radiante. Un aparecido no tiene calor, es una sábana fría, una tela, una sombra inquietante. Ella en cambio nos maravillaba. Tendríamos que haberlo sospechado. ¿Qué poder tenía para embelesarnos hasta ese punto, para arrebatarnos y transportarnos, llenándonos de felicidad? Estábamos en un error, un error que no nos permitió comprender que llevaba muerta mucho tiempo.

En realidad, Marilyn Monroe no estaba muerta del todo, solo lo estaba un poco, aunque a veces lo estaba algo más. Al hacer que naciera en nosotros un sentimiento delicioso, su encanto nos impedía comprender que no es preciso estar muerto para no vivir. Marilyn empezó a no estar viva desde su mismo nacimiento. Su madre, atrozmente desgraciada, expulsada de la humanidad porque había traído al mundo a una niña ilegítima, se encontraba embrutecida por la desdicha. Un bebé solo puede desarrollarse si se encuentra rodeado de las leyes que inventan los hombres, y la pequeña Norma Jean Baker, incluso antes de nacer, se hallaba fuera de la ley. Su madre no tuvo fuerzas para ofrecerle unos brazos que le transmitiesen seguridad: hasta ese punto se hallaba su mundo saturado de melancolía. Fue preciso internar a la futura Marilyn en orfanatos helados y confiarla a una sucesión de familias de acogida en las que resultaba difícil aprender a amar.

Los niños sin familia valen menos que los demás. El hecho de explotarlos desde el punto de vista sexual o social no es un delito excesivamente grave, puesto que estos pequeños seres abandonados no son enteramente niños de verdad. Así piensan algunas personas. Para sobrevivir a pesar de las agresiones, la pequeña «Marilyn tuvo que ponerse a fantasear, a nutrirse del dolor mismo, antes de abismarse en la melancolía y la locura de su madre».[1] Así las cosas, declaró que Clark Gable era su verdadero padre y que pertenecía a una familia real…, ¡ya que estaba! Marilyn se dotaba así de una vaga identidad, porque, sin sueños locos, habría tenido que vivir en un mundo de fango. Cuando lo real está muerto, el delirio proporciona un sobresalto de felicidad. Por eso se casó con un campeón de béisbol para quien cocinaba todas las noches zanahorias y guisantes porque le encantaba el color que tenían.

En Manhattan, donde cursó estudios de teatro, se convirtió en la alumna favorita de Lee Strasberg, que había quedado fascinado por su gracia extraña. Ya para entonces, con mucha frecuencia, había estado muerta. Era preciso estimularla mucho para que no se dejase arrastrar a la no vida. Se quedaba adormecida, no se levantaba de la cama y dejaba de lavarse. Cuando la despertaba un beso, el de Arthur Miller, por quien se volvió judía, el de John Kennedy o el de Yves Montand, volvía a la vida, deslumbradora y cálida, y nadie se daba cuenta de que estaba siendo embelesado por un fantasma. Y sin embargo, ella misma lo decía cuando cantaba *I'm Through With Love*, aunque, situada ya en el límite del mundo, radiante y en plena gloria, sabía que no le quedaban más que tres años de vida antes de concederse un último regalo: la muerte.

1 J. Charyn, «Sugar Kane et la Princesse Rita», en *Revue des Deux Mondes*, 2000, p. 17.

Marilyn jamás estuvo del todo viva, pero no podíamos saberlo, ya que su maravilloso fantasma nos embrujaba en el más alto grado.

La última biografía de Hans Christian Andersen se abre con esta frase: «Mi vida es un bello cuento de hadas, magnífico y feliz».[2] Siempre hay que dar crédito a lo que escriben los autores. En todo caso, es frecuente que la primera línea de un libro se halle preñada de sentido. Cuando el pequeño Hans Christian vino al mundo en la Dinamarca de 1805, su madre se había visto obligada a prostituirse por su propia madre, que le pegaba y le imponía a los clientes. La joven se había fugado, embarazada de Hans Christian, y se había casado con el señor Andersen. Esta mujer estaba dispuesta a todo para que su hijo no conociese la miseria. Por eso se hizo lavandera, y el padre se enroló como soldado de Napoleón. Alcohólica y analfabeta, la madre de Hans Christian murió en plena crisis de *delirium tremens*, y el padre se mató en un acceso de demencia. El muchachito tuvo que trabajar en una pañería, y después en una fábrica de tabaco en la que las relaciones humanas eran frecuentemente violentas. Sin embargo, Hans Christian, nacido en la prostitución, la locura y la muerte de sus padres, en la violencia y la miseria, nunca careció de afecto. Siendo «muy feo, dulce y amable como una niña»,[3] Hans Christian se vio acogido primero por el deseo que tenía su madre de hacerle feliz, y más tarde por el regazo de la abuela paterna, que le educó con ternura con ayuda de una vecina que le enseñó a leer. La comunidad de cinco mil almas de Odense, en la isla de Fionia, estaba fuertemente marcada por la tradición de los contadores de cuentos. La poesía acompañaba los encuentros, y en ellos se recitaban las sagas islandesas y se practicaban los

2 J. Luquet, *Hans Christian Andersen (1805-1875). Le vilain petit canard*, Société Française de Psychologie Adlérienne, boletín n.º 85, abril de 1996.

3 *Ibid.*, p. 4.

juegos de los inuit de Groenlandia. La artesanía, las fiestas y las procesiones señalaban el ritmo vital de este cálido grupo al que daba gusto pertenecer.

Es fácil imaginar que el pequeño Hans percibiera que el primer mundo que encontró a su alrededor se hallaba dibujado en forma de oxímoron, una figura retórica en la que dos términos antinómicos se asocian pese a oponerse, del mismo modo en que las vigas del techo se sostienen porque se apoyan la una contra la otra. Esta curiosa conjunción de palabras permite evocar sin contradecirse una «oscura claridad» o una «maravillosa desgracia». El mundo del pequeño Andersen tenía que organizarse en torno de estas dos fuerzas, le era absolutamente preciso abandonar el fango de sus orígenes para vivir en la claridad del afecto y de la belleza extraña de los cuentos de su cultura.

Estos mundos opuestos se hallaban unidos por el arte que transforma el lodo en poesía, el sufrimiento en éxtasis, al patito feo en cisne. Este oxímoron constituido por el universo en el que crecía el niño quedó rápidamente incorporado a su memoria íntima. Su madre, que le reconfortaba con su ternura, se ahogaba en el alcohol y moría entre los vómitos del *delirium*. Una de sus abuelas era la encarnación de la mujer bruja, la que no duda en prostituir a su hija, mientras que la otra era la personificación de la mujer hada, la que da la vida e invita a la felicidad. Así es como el pequeño Hans aprendió muy pronto la representación de un mundo femenino escindido, cosa que habría de convertirle más tarde en un hombre intensamente atraído por las mujeres, y aterrado por ellas. Su infancia de tipo «profiterol» estaba compuesta de incesantes humillaciones y de sufrimientos reales simultáneamente asociados a las cotidianas delicias de los encuentros afectuosos y de las maravillas culturales. No solo conseguía soportar el horror de sus orígenes, sino que lo que realzó la ternura de las mujeres y la belleza de los cuentos fue tal vez la aterradora prueba de sus primeros años. El oxímoron que estructuraba su mundo iba a tematizar también su vida y a regir sus relaciones adultas. En la historia de una vida, solo tenemos un único problema que resolver, el que da sentido a nuestra existencia e impone un estilo a nuestras relaciones. La desesperación del patito feo se vio teñida por la admiración que sentía hacia los grandes cisnes blancos y vivificada por la esperanza de nadar junto a ellos con el fin de proteger a otros niñitos feos.

Este par de fuerzas opuestas que le daba la energía necesaria para «salir de la ciénaga y acceder a la luminosidad de las cortes reales»[4] explica también sus dolorosos amores. Hans, pájaro herido, caído prematuramente del nido, quedaba una y otra vez enamorado de aterradoras currucas. Le atraían todas las mujeres, a él, al herido salvado del fango por el vínculo femenino, pero esta sacralización del vínculo, esta divinización de las mujeres que galvanizaba sus ensoñaciones inhibía su sexualidad. Solo se atrevía a amarlas desde lejos. Uno no se convierte impunemente en cisne, y el precio de su resiliencia,[5] lograda al coste de su sexualidad, le empujaba a una soledad que colmaba con creaciones literarias.

Hans Christian Andersen nació en la prostitución de su madre, en la locura de sus padres, en la muerte, en la orfandad precoz, en la miseria doméstica, en la violencia social.

¿Cómo no permanecer muerto cuando se vive así? Dos brasas de resiliencia reanimaron su alma: por un lado, el vínculo con algunas mujeres reparó su estima de niño desamparado, y por otro, le ayudó el contexto cultural compuesto por extraños relatos en el que la lengua de las ciénagas hizo surgir de la bruma gnomos, duendes, hadas, brujas,

4 *Ibid.*, p. 20.

5 Resiliencia: proceso que permite retomar un tipo de desarrollo a pesar de una situación traumática y en circunstancias adversas.

elfos, guerreros, dioses, armas, cráneos, sirenas, vendedoras de cerillas y patitos feos dedicados a la madre muerta.

Marilyn Monroe jamás pudo encontrar ni vínculo ni sentido,[6] las dos palabras que permiten la resiliencia. Sin vínculos y sin historia, ¿cómo podríamos convertirnos en nosotros mismos? Cuando la pequeña Norma fue internada en un orfanato, nadie podía pensar que un día se convertiría en una Marilyn capaz de cortar la respiración. La carencia afectiva había hecho de ella un pajarillo desplumado, tembloroso, encogido, incapaz de abrirse al mundo y a la gente. Los incesantes cambios de familia de acogida no habían permitido organizar a su alrededor una permanencia afectiva capaz de permitirle adquirir el sentimiento de ser digna de amor. Y de este modo, cuando llegó a la edad del sexo, se dejó tomar por quien tuviese ganas de ella.

Cuando los hombres no se aprovechaban de ella en el terreno sexual, la explotaban en el económico. Darryl Zanuck, un productor de cine, tenía interés en considerarla como una cabeza de chorlito ya que así podía enriquecerse alquilándola a otros estudios. Ni siquiera aquellos que la amaron con sinceridad supieron penetrar en su mundo psíquico para ayudarla a hacer un trabajo de reconstrucción de su propia historia que fuera capaz de dar sentido a su infancia atropellada. Sus enamorados amantes se dejaron atrapar voluptuosamente por la magnífica imagen de la dulce Marilyn. Cegados por tanta belleza, no supimos ver su inmensa desesperación. Permaneció sola en el barro, lugar al que, de vez en cuando, le arrojábamos un diamante..., hasta el día en que se dejó ir.

6 S. Vanistendael y J. Leconte, *Le bonheur est toujours possible*, prólogo de Michel Manciaux, París, Bayard, 2000 [trad. cast.: *La felicidad es posible: Despertar en niños maltratados la confianza en sí mismos: construir la resiliencia*, Barcelona, Gedisa, 2002].

El patito feo Hans había encontrado, durante su aterradora infancia, los principales tutores de resiliencia: unas mujeres le habían amado y unos hombres habían organizado un entorno cultural en el que los cuentos permitían metamorfosear a los sapos en príncipes, el fango en oro, el sufrimiento en obra de arte.

La dulce y bella Norma no recibió más agresiones que el pequeño Hans. Hay muchas familias de acogida que saben reconfortar a estos niños. Sin embargo, la chiquilla, demasiado formal a causa de su melancolía, no encontró la estabilidad afectiva que habría podido estructurarla, ni los relatos que necesitaba para comprender cómo debía vivir para salir del lodo.

Tras evadirse del infierno, el pequeño Hans recobró el gusto por la vida. Frecuentó a los cisnes, escribió cuentos y sometió a votación algunas leyes para proteger a otros patitos feos. Sin embargo, su personalidad escindida sofocó su sexualidad porque las mujeres a las que adoraba le inspiraban demasiado miedo. Esa renuncia le ofreció una recompensa al inventar héroes con los que se identificaron muchos niños heridos.[7]

La conmovedora Marilyn no volvió a la vida. Permaneció muerta. Lo que adorábamos era su fantasma. No tejió su resiliencia porque su entorno jamás le ofreció una estabilidad afectiva, y porque tampoco la ayudó a conferir sentido a su desgarro. El pequeño Hans, por su parte, encontró los dos pilares de la resiliencia que, a pesar de los pesares, le

7 Charles Dickens siguió exactamente el mismo proceso. Tras haber sido un niño herido por el encarcelamiento de su padre, circunstancia que había acarreado la miseria extrema de la familia, el pequeño Charles tuvo que trabajar desde los 12 años en una fábrica de betún. Quedará psíquicamente reparado gracias a los cuentos. Más tarde, siendo ya adulto, dejó de escribir cuentos para dedicarse a las novelas educativas y comprometerse socialmente. Cf. P. Ackroyd, *Dickens*, Londres, Sinclair-Stevenson, 1999.

permitieron construir una vida apasionante. Se evadió del infierno al precio de su sexualidad, pero nadie afirma que la resiliencia sea una receta para la felicidad. Es una estrategia de lucha contra la desdicha que permite arrancarle placer a la vida, pese al murmullo de los fantasmas que aún percibe en el fondo de su memoria.

I

Los chiquillos o la edad del vínculo

Sin sorpresa no emergería nada de lo real

Solo es posible hablar de resiliencia si se ha producido un trauma que se haya visto seguido por la recuperación de algún tipo de desarrollo, es decir, si se verifica la recomposición del desgarro. No se trata de un desarrollo normal, ya que, a partir de ese momento, el trauma inscrito en la memoria forma parte de la historia del sujeto y le acompaña como un fantasma. La persona herida en el alma podrá retomar un desarrollo, un desarrollo que en lo sucesivo se verá modificado por la fractura de su personalidad anterior.

El problema es sencillo, pero basta plantear la pregunta con claridad para que se vuelva complicado. En este sentido, yo preguntaría lo siguiente:

- ¿Qué es un acontecimiento?
- ¿En qué consiste esa violencia traumática que desgarra la burbuja protectora de una persona?
- ¿Cómo se integra en la memoria una situación traumática?
- ¿En qué consiste el andamiaje que debe rodear al sujeto tras el estropicio, el andamiaje que debe permitirle retomar su vida, pese a la herida y a su recuerdo?

Había dos chavales de la Beneficencia en aquella granja de Néoules, cerca de Brignoles. Uno mayor, de 14 años, y René, de 7. Los chicos dormían fuera, en el granero de madera, mientras Cécile, la jorobada, la hija de los dueños, tenía derecho a dormir en una cama con sábanas blancas y a una habitación. La granjera era dura, «en casa de Marguerite, las cosas funcionaban a base de estacazos». Como no tenía nada que decirles a los chicos, siempre que pasaba junto a ellos, les intentaba sacudir con un palo, así, sin más. Era frecuente que fallara, pero, lo que resulta chocante, por así decirlo, es el hecho de que en las ocasiones en que los chicos recibían un golpe, nunca se lo reprocharan a la granjera. Al contrario, se echaban la culpa a sí mismos: «Pues la habías oído llegar», «podrías haberte colocado mejor para protegerte...». Esta interpretación permite comprender que el dolor de un golpe no es un trauma. Con frecuencia sentían dolor, y se frotaban la cabeza o el brazo, pero cuando se representaban el acontecimiento, cuando se lo contaban a sí mismos, o cuando recordaban algunas imágenes, no sufrían por segunda vez, ya que el golpe venía de alguien a quien no querían. Uno no le echa la culpa a la piedra contra la que se golpea, siente dolor y nada más. Sin embargo, cuando el golpe proviene de una persona con la que se ha establecido una relación afectiva, una vez soportado el golpe, se sufre por segunda vez con su representación.

Los niños no consideraban extraño este sentimiento. La rabia que sentían por haber caído en la trampa y la autoacusación constituían ya indicios de resiliencia, como si hubiesen pensado: «Teníamos una pequeña posibilidad de libertad. Al oírla llegar, podíamos haberla evitado, pero hemos perdido esa oportunidad». El hecho de atribuirse a sí mismos la responsabilidad les permitía sentirse dueños de su destino: «Hoy soy pequeño, estoy solo e increíblemente sucio, pero, algún día, ya lo verás, sabré ponerme en una situación en la que nunca más vuelva a recibir golpes». Y como la granjera marraba frecuentemente su diana, lo que se desarrollaba en el espíritu de René era, paradójicamente, un sentimiento de victoria: «Por lo tanto, puedo controlar los acontecimientos».

La madre de Beatriz quería ser bailarina. Sus cualidades físicas y mentales le auguraban una hermosa carrera, pero cuando quedó encinta pocos meses antes de la prueba, su bebé adquirió para ella el significado de una persecución: «Por su culpa, mis sueños se han echado a perder». Entonces, sintió odio hacia su niña, y cuando uno aborrece a alguien hay que encontrar razones que expliquen por qué resulta detestable, ¿verdad? Le pegaba mientras le explicaba que era por su bien, para que creciese mejor. En el instante mismo en el que Beatriz recibía los golpes, pensaba: «Pobre mamá, no sabes controlarte, no eres una verdadera adulta». Y esa condescendencia la protegía contra el sufrimiento de la representación de los golpes. Beatriz solo sufría una vez. Sin embargo, fue necesario separarla de su madre, porque el maltrato era realmente grave. Tras pasar a vivir con una vecina, Beatriz se empezó a sentir culpable por suponer una carga: «Mi vecina sería feliz si yo no estuviese aquí. Se porta muy bien al hacerse cargo de mí». A partir de entonces, la niña se volvió de una amabilidad mórbida. Iba a pie al colegio para ahorrarse el billete de autobús, lo que le permitía comprar más tarde un regalo a su tiíta. Se levantaba muy temprano por la mañana para hacer silenciosamente las cosas de la casa y que, al despertarse, la señora tuviese la sorpresa de ver una casa impecable. Por supuesto, la vecina se acostumbró a ver la cocina limpia, y el día en que se encontró que el suelo aún mostraba la suciedad de la cena de la noche anterior insultó a Beatriz y, con la excitación de la cólera, le dio un escobazo. El golpe no le había hecho daño, pero dado que significaba que los esfuerzos de Beatriz quedaban descalificados, provocó una desesperación de varios días durante los cuales la niña volvía a ver, sin cesar, las imágenes del escobazo. Beatriz sufría dos veces.

Para experimentar el sentimiento de que se ha producido un acontecimiento, es necesario que algo en lo real provoque una sorpresa y una significación que confieran realce a la cosa. Sin sorpresa, no emergería nada de lo real. Sin realce, no habría nada que llegase a la conciencia. Si un fragmento de lo real «no quisiese decir nada», ni siquiera se constituiría en recuerdo. Esta es la razón de que, por lo común, no tomemos conciencia de nuestra respiración ni de nuestra lucha contra la atracción terrestre. Cuando decidimos prestar atención a estas cosas, no nos queda el recuerdo porque este hecho no quiere decir nada en particular, a menos que nos pongamos enfermos. Cuando un hecho no se integra en nuestra historia porque no tiene sentido, se borra. Por mucho que escribamos en un diario íntimo todos los hechos del día, casi ninguno se transformará en recuerdo.

Cuando la caída de una bayeta se vuelve aterradora

Determinados escenarios van a convertirse en memoria y a constituir jalones de nuestra identidad narrativa, como si se tratase de una serie de historietas mudas: «Recuerdo claramente que, tras aprobar el bachillerato, fui con un compañero a beber un Martini en el mostrador de cinc de un bareto. Me acuerdo de la cazadora de ante de mi joven condiscípulo, de su peinado y de su cara. Me acuerdo del cinc abombado de la tasca y del rostro del camarero. Me acuerdo incluso de haber dicho: "Ahora que ya tenemos el bachillerato, tenemos valor". Me acuerdo de la expresión asombrada de mi compañero, porque él consideraba que sin duda ya tenía valor antes de aprobar el bachillerato». El que así se expresaba había extraído este escenario del magma de lo real y lo había convertido en un ladrillo para la construcción de su identidad. Niño abandonado, empleado en una fábrica desde los 12 años, su éxito en el bachillerato adquiría para él el significado de un acontecimiento extraordinario que iba a permitirle hacerse ingeniero. El colegio significaba «reparación» y «compensación» para un adolescente que, sin diploma, habría tenido dificultades para valorarse. Beber un Martini narraba en imágenes el ritual de un escenario que iba a convertirse en una baliza de su memoria.

Sin acontecimiento no hay representación de uno mismo. Lo que ilumina un fragmento de lo real y lo transforma en acontecimiento es la forma en que el medio ha vuelto al sujeto sensible a este tipo de información.

No podemos hablar de situación traumática más que si ha habido fractura, es decir, solo en el caso de que una sorpresa con proporciones de cataclismo —o de carácter, en ocasiones, insidioso— sumerja al sujeto, lo zarandee y lo embarque en un torrente, en una dirección que hubiera preferido no tomar. En el momento en que el acontecimiento desgarra su burbuja protectora, desorganiza su mundo y, en ocasiones, le provoca confusión, el sujeto, poco consciente de lo que le ocurre, desamparado, ha de encajar, como René, algunos palos. Sin embargo, es preciso cuanto antes dar sentido a la fractura para no permanecer en ese estado de confusión en el que no es posible decidir nada porque no se comprende nada. Tendrá que ser por tanto una representación de imágenes y de palabras lo que pueda configurar de nuevo un mundo íntimo al restituir una visión nítida de los acontecimientos.

El acontecimiento que produce el trauma se impone y nos aturrulla, mientras que el sentido que atribuimos al acontecimiento depende de nuestra historia y de los rituales que nos rodean. Esta es la razón de que Beatriz padeciera por el efecto de unos escobazos de la vecina que para ella significaban el fracaso de su estrategia afectiva y que, sin embargo, padeciese menos por el grave maltrato de su madre. No existe por tanto ningún «acontecimiento en sí», ya que un fragmento de lo real puede adquirir un valor destacado en un contexto y resultar trivial en otro.

En una situación de aislamiento sensorial, todas las percepciones se ven modificadas. Cuando vamos a la cocina a buscar un vaso de agua, nos puede suceder que veamos una bayeta, y no por ello quedaremos conmocionados. Sin embargo, si estamos solos en una cárcel, si llevamos aislados varios meses y vemos esa misma bayeta, la cosa se convierte en un acontecimiento: «Dormitaba, sin pensar en nada, y de pronto oí un ruido detrás de mí. La bayeta acababa de caerse de los barrotes, con la flexibilidad de un gato. Estaba inmóvil, pero tenía la impresión de que, de un momento a otro, iba a levantarse y a saltar... Alcé la vista y entonces la vi. La sombra de la bayeta dibujaba sobre la pared la silueta de un ahorcado... No podía apartar los ojos de la imagen. Permanecí una tarde entera frente a aquel fantasma».[1] En un contexto socializado, una bayeta no produce ningún recuerdo, mientras que, en un contexto de privación sensorial, la misma bayeta, al dibujar sobre la pared la sombra de un ahorcado, se convierte en un acontecimiento que actúa como jalón en la historia del interesado.

Esta es la razón de que la restricción afectiva constituya una situación de privación sensorial grave, un trauma insidioso tanto más demoledor cuanto que nos resulta difícil tomar conciencia de él, convertirlo en acontecimiento, en

1 C. Leroy, a propósito de Alphonse Boudard y de los aislados sensoriales, «Space in the Prison», en G. Di Gennaro (comp.), *Prison architecture: An international survey of representative closed institutions and analysis of current trends in prison design*, Londres, Architectural Press, 1975.

recuerdo que podamos encarar y modificar. Cuando no logramos enfrentarnos a una reminiscencia, esta nos atormenta, como una sombra en nuestro mundo íntimo, y es ella la que nos modifica. El aislamiento sensorial es en sí mismo una privación afectiva. La persona aislada deja de verse afectada por los mismos objetos sobresalientes, lo que explica la sorprendente modificación del vínculo de quienes han sufrido alguna carencia afectiva. El afecto es una necesidad tan vital que, si nos vemos privados de él, nos vinculamos intensamente a todo acontecimiento que nos permita recuperar un soplo de vida, al precio que sea: «Estar solo es el peor sufrimiento. Uno desea constantemente que suceda algo, uno se pasa el tiempo esperando que llegue el "papeo", el paseo, la hora de irse a la cama, que venga alguien. Por la mañana, cuando ves al ayudante, hay veces que te alegras mucho de verle, aunque solo sea durante unos segundos... La soledad produce unos efectos curiosos».[2]

En semejante situación, un dato minúsculo llena una vida vacía. El sujeto sometido a la carencia, hambriento de vida sensorial, se vuelve hipersensible a la menor señal y percibe un inesperado suspiro, una mínima sonrisa, un fruncimiento de cejas. En un contexto sensorial normal, estos indicios no adquieren significado, pero en un mundo en el que hay una carencia afectiva, se convierten en un acontecimiento capital. «Lo primordial es no hacer ruido. No llamar la atención sobre su presencia»,[3] decía el psiquiatra Tony Lainé cuando tuvo que ayudar a David, un niño encerrado en un armario mientras su madre viajaba. No se había tejido el vínculo entre la madre y su hijo. Cuando lo veía, lo maltrataba de forma increíble: «Mi madre me instalaba entonces, durante horas, de rodillas sobre una barra de

2 A. Boudard, *La cerise*, París, Plon, 1963.

3 D. Bisson y E. de Schonen, *L'enfant derrière la porte*, París, Grasset, 1993, p. 10.

hierro, con la nariz pegada a una pared. O si no, me encerraba en el cuarto de baño durante días enteros».[4] Sin embargo, un día, un domingo, vino a buscarlo, y —deslumbrador acontecimiento—, ¡le llevó a dar un paseo! David recordará toda su vida aquel domingo luminoso en el que ella lo cogió de la mano. (¿Quién se acuerda de los domingos en que su madre le cogió de la mano? Desde luego no aquellos a quienes les cogía de la mano todos los días). La carencia afectiva de David transformó un gesto trivial en aventura que deja huella. Todo niño correctamente amado jamás construye un recuerdo a partir de semejante trivialidad afectiva. Esto no quiere decir que no la conserve en la memoria. Al contrario, incluso: la trivialidad afectiva marca en su cerebro una sensación de seguridad. Y es la adquisición de esta confianza en sí mismo la que le enseña la dulce osadía de las conquistas afectivas. Ese niño ha aprendido, sin saberlo, una forma de amar ligera. Pero nunca podrá recordar la causa de ese aprendizaje.

Algunos niños privados de afecto construyen su identidad narrativa en torno a esos magníficos momentos en los que alguien tuvo a bien amarles, cosa que genera unas biografías asombrosas en las que el niño abandonado en un orfanato, aislado en un sótano, violado, apaleado e incesantemente humillado se convierte en un adulto resiliente que afirma con toda tranquilidad: «Siempre tuve mucha suerte en la vida». Desde el fondo de su fango y de su desesperación, se ha mostrado ávido de los pocos momentos luminosos en los que recibió un obsequio afectivo que él convertiría en un recuerdo mil veces revisado: «un domingo, ella me tendió la mano…».

4 *Ibid.*, p. 27.

Un corro infantil que es como una varita mágica

Cuando no se tiene la posibilidad de trabajar los propios recuerdos, quien nos trabaja es la sombra del pasado. Los que tienen una carencia, al volverse hipersensibles a la menor información afectiva, pueden convertir dicha información en un acontecimiento magnífico o desesperante, en función de los encuentros que proponga su entorno.

Bruno fue abandonado por haber nacido fuera del matrimonio, cosa que, en el Canadá de hace cuarenta años, era considerado como un delito grave. Por toda «relación», el niño aislado no había encontrado más que sus manos, y las agitaba sin cesar, de modo que su mismo movimiento creaba en él una sensación de acontecimiento, dándole, pese a todo, un poco de vida. Tras varios años de aislamiento afectivo, había sido integrado en un hogar lo suficientemente cálido como para hacer desaparecer estos síntomas. Sin embargo, conservó una forma de amar aparentemente distante y fría, forma que, al menos, no le espantaba. Esta adaptación realizada para obtener seguridad no era un factor de resiliencia, ya que, al apaciguar al niño, le impedía retomar su desarrollo afectivo. Una noche, después de cenar, una amable religiosa organizó un corro en el que, siempre que el chico invitaba a una niña, debía cantar: «Para Rosine son mis preferencias, porque es la más bonita de las dos/¡Ah! Ginette, si crees que te quiero/Mi corazoncito no está hecho para ti/Está hecho para la que amo/Que es más bonita que tú». Cuando Bruno y otro chico fueron invitados por una chica a girar en medio del gran corro formado por los otros niños, quedó como anestesiado por esa increíble elección. Pero cuando oyó que todo el corro infantil replicaba a coro: «Para Bruno son las preferencias...», dejó de percibir el resto de la canción, ya que su mundo acababa de estallar, con una gran luminosidad, en una alegría inmensa y una dilatación que le daban una asombrosa sensación de ligereza. Giró como un loco con la chiquilla, y después, olvidándose de reincorporarse al corro, fue corriendo a esconderse debajo de su cama, increíblemente feliz. ¡Era pues posible amarle!

El otro niño, un poco disgustado, se enfurruñó durante treinta segundos, justo lo que tardó en darse cuenta de que también otros niños, al igual que él, podían no ser los preferidos. Después lo olvidó todo. Ese pequeño fracaso nunca constituyó un acontecimiento para él, debido a que, por causa de su pasado de niño amado, ese corro no había resultado significativo. Para Bruno, por el contrario, ese mismo corro había adquirido el valor de una revelación. Durante toda su infancia volvió a pensar mil veces en ello, y aún hoy, cuarenta años después, habla con una sonrisa de ese acontecimiento capital que transformó su manera de amar.

Nos vemos configurados por lo real que nos rodea, pero no tomamos conciencia de ello. La huella de lo real se graba en nuestra memoria sin que podamos darnos cuenta, sin que se produzca un acontecimiento. Aprendemos a amar a nuestro pesar, sin saber siquiera de qué modo amamos. ¿Es posible que Freud quisiese hablar de esta forma de memoria, actuante y desprovista de recuerdo, al evocar «la roca biológica del inconsciente»?[5]

El acontecimiento es una inauguración, algo así como un nacimiento a la representación de uno mismo.[6] Para Bruno, siempre habrá un antes y un después del corro. La falta de afecto le había convertido en una persona hambrienta y aterrorizada por la intensidad de la necesidad. Su desgracia había inscrito en él una huella biológica, una sensibilidad preferente

5 S. Freud (1895), «Proyecto de psicología», en *Obras completas*, vol. 1, Buenos Aires, Amorrortu, 1976.

6 M. Leclerc-Olive, *Le dire de l'événement (biographique)*, Villeneuve d'Ascq, Presses universitaires du Septentrion, 1997.

a este tipo de acontecimientos, que percibía mejor que nadie. Si no hubiera vivido la experiencia de este corro, habría encontrado más tarde una circunstancia análoga. Pero si el contexto cultural hubiera prohibido estos corros, u organizado una sociedad en donde los niños nacidos fuera del matrimonio no hubiesen tenido derecho a bailar, entonces Bruno habría estabilizado en su memoria estas huellas de privación afectiva. Las habría aprendido a su pesar, y su comportamiento autocentrado, aparentemente glacial, nunca habría podido verse reconfortado por este tipo de encuentros. El acontecimiento jamás se habría producido.

Hoy, la escena del corro constituye un jalón de la identidad narrativa de Bruno: «Me sucedió algo asombroso, fui metamorfoseado por un corro». Sin embargo, no puede cerrarse un ciclo de vida, una existencia entera, tras el primer capítulo. Entonces, repasando su pasado, Bruno va a buscar los episodios que le permiten proseguir su metamorfosis y trabajar en ella con el fin de aclarar un tanto la negrura de su primera infancia: «No le guardo rencor a mi madre por haberme abandonado. Era la época la que así lo quería. También ella debió sufrir mucho». El relato de su pasado, su recomposición intencional, aligera la sombra que le aplastaba.

El abandono que había impregnado en él su triste manera de amar se convirtió, en su representación de sí, en un acontecimiento, en una herida, en una carencia que pudo volver a elaborar con la perspectiva del tiempo. Y ello porque determinadas aventuras son metáforas de uno mismo: «Después de este corro, comprendí qué es lo que había que hacer para tener amigos. He tenido mucha suerte en mi vida. Sor María de los Ángeles, al llevarme a realizar las pruebas del cociente intelectual, me sopló las respuestas que debía dar. Mis resultados fueron buenos. Orientaron mi educación hacia el instituto. Hoy soy profesor de letras».

La arqueología de una cripta, la iluminación de una zona de sombra de nuestra historia, es algo que puede convertirse incluso en una búsqueda apasionante si se logra desvelar un misterio y si nuestro entorno participa en la exploración. Todo trauma nos conmociona y nos desvía, encaminándonos a una tragedia. Sin embargo, la representación del acontecimiento nos da la posibilidad de convertir ese trauma en el eje de nuestra historia, en una especie de negro lucero del alba que nos indica la dirección. Cuando nuestra burbuja se desgarra, perdemos nuestra protección. Desde luego, la herida es real, pero su destino no es independiente de nuestra voluntad, ya que nos resulta posible hacer algo con él.

El señor Dom tenía 18 años cuando fue detenido por la Gestapo por militar en las Juventudes estudiantiles cristianas. Fue deportado a Ravensbrück, y relata la espantosa tortura que es capaz de infligir un grupo humano jerarquizado mediante relaciones de violencia. El joven aprende a hurgar en el cubo de la basura que se encuentra cerca del barracón de los ss, y eso le permitirá sobrevivir hasta la Liberación. Tras ser repatriado se encuentra tan débil que su madre ha de sostenerlo cuando se dirige a la consulta del médico. Al pasar junto a un cubo de basura, el joven Dom recoge unas cuantas cerezas aún comestibles y se las come. Los asqueados transeúntes le hacen reconvenciones morales. Le llaman cerdo, le exigen un poco de dignidad, y el joven apenas puede comprender cómo un comportamiento que le ha permitido sobrevivir en Ravensbrück ha podido convertirse, en pocas semanas, en causa de desprecio en las calles de París. Lentamente se repone del inmenso trauma, pero nunca se atreverá a decir que le siguen atrayendo los cubos de basura. El objeto «basura» que ha quedado impregnado en su memoria se ha convertido para él en un significante de esperanza. ¡Vaya usted a hacer comprender esto a una persona obsesionada por la limpieza y para la cual ese mismo objeto significa suciedad! En ambos casos, el objeto ha adquirido relieve. Emerge del mundo a causa de la sensibilidad preferente de los dos observadores. Sin embargo, para uno de ellos, significa «esperanza de vivir», mientras que para el otro anuncia «la muerte causada por la podredumbre». Así es como los hombres hacen hablar a las cosas, por medio de su historia.

Cuando el trauma es flagrante, hiperconsciente, se padece por efecto del golpe, pero aún no se sabe qué sentido habrán de atribuir a la representación de ese golpe nuestra historia y nuestro contexto.

A veces ocurre incluso que sufrimos sin tener conciencia de hacerlo. Una carencia afectiva puede constituir una privación sin provocar sentimiento de pérdida. A veces sucede que un niño llega a saber que ha perdido a su madre, que se ha ido, que ha muerto, que no volverá a verla. Para experimentar semejante sentimiento, es preciso que el desarrollo de su aparato psíquico le haya vuelto capaz de una representación de la muerte, cosa que no sucede gradualmente más que a partir dc la edad de 6 o 7 años. Esta representación de la muerte absoluta, del vacío definitivo, provoca en él una angustia que puede combatir pidiendo socorro, idealizando a la desaparecida o negando su muerte.

Sin embargo, cuando el niño es demasiado pequeño para tener acceso a semejante representación, es su mundo sensorial lo que cambia de forma. La figura familiar ya no está ahí y se ve vagamente sustituida por una figura desconocida, por una intermitencia del vínculo. Este cambio de mundo provoca una adaptación del comportamiento sin conciencia, del mismo modo que, sin darnos cuenta, nos adaptamos a una privación de oxígeno mediante la aceleración de nuestra respiración. Podemos hablar de acontecimiento traumático porque se trata de un golpe que desgarra su mundo y desmantela al niño, pero no podemos hablar de trauma en la medida en que aún no es capaz de representárselo de un modo que él pueda elaborar.[7] No es un dolor, ni siquiera es una pérdida. Es un desafecto lento, un malestar que altera al niño de forma tanto más insidiosa cuanto que no puede dominar, combatir o compensar esta privación afectiva.[8]

A la larga, el niño se adapta a este empobrecimiento sensorial mediante un embotamiento de sus percepciones. Se vuelve cada vez más difícil de estimular, y, dado que su entorno ha dejado de dividirse en las categorías de un medio familiar y otro desconocido, su visión del mundo se vuelve borrosa. Cada vez le cuesta más establecer la diferencia entre quienes le estimulan y quienes le angustian. Esta falta de afectividad explica la necesidad de una afiliación. Cuando, en torno del niño, llegan a faltar los tutores sensoriales de desarrollo, el mundo deja de perfilarse. Y cuando deja de haber una figura destacada y un objeto cubierto de relatos, cuando una información vale tanto como otra, el mundo psíquico se vuelve borroso y la vida mental deja de estructurarse.

Esto es lo que le ocurrió a la pequeña Marilyn Monroe y lo que no padeció el pequeño Hans Andersen, amado por su madre, su abuela y su vecina. Es fácil imaginar que, a los 12 años, sufrió mucho por la muerte de su madre, pero su ya organizado mundo íntimo supo idealizar a esa mujer a la que perdonó su alcoholismo. Por el contrario, Marilyn no

7 M. Bertrand, «La notion de traumatisme et ses avatars», en *Le Journal des psychologues* 194, 2002, pp. 21-23.

8 J. Waldner, «Le placement en institution», en J.-P. Pourtois (ed.), *Blessure d'enfant. La maltraitance: Théorie, pratique et intervention*, Bruselas, De Boeck, 1995, p. 253.

tenía a nadie a quien poder idealizar ni ninguna figura de vínculo a la que otorgar su perdón. El sufrimiento del pequeño Hans constituyó un factor de resiliencia más eficaz que la confusión y el embotamiento de la demasiado formal Marilyn. Hans sufrió una grave pérdida afectiva que pudo combatir, mientras que Marilyn ni siquiera podía ubicar su malestar, y nadie se dio cuenta de ello.

Esto permite comprender por qué los niños que se vacían de su vida porque existe un vacío a su alrededor se reaniman con frecuencia infligiéndose sufrimientos. El dolor hace que regrese a ellos un soplo de vida. Se golpean la cabeza contra el suelo cuando se les dirige una sonrisa, y se muerden cuando alguien les habla. Más tarde, cuando sean mayores, nos provocarán al exponernos sus mutilaciones. El dolor les despierta y les constriñe a lo real, un ámbito cruel pero que genera mucha menos angustia que el vacío de su mundo.

La lógica consiste en preguntarse qué efectos a largo plazo puede tener la pérdida precoz de uno o dos parientes. Este tipo de causalidad lineal es bastante pertinente para estudiar la física de los materiales, pero las causalidades psíquicas son incesantes como una catarata, y tan numerosas que es mejor formular de otro modo la pregunta: la falta de padres antes de la edad de la palabra convierte en un desierto el entorno sensorial del niño y, cuando carece de análogos parentales o de sustitutos, los daños resultan duraderos. En cambio, si disponemos algunos tutores de resiliencia afectivos y sensatos en torno del pequeño que sufre una carencia, este retoma rápidamente su desarrollo y puede recuperar incluso su retraso. Esto no le impedirá más tarde, cuando acceda a la palabra, representarse a sí mismo como «alguien que ya no tiene padres». En ese momento deben añadirse a los tutores de la resiliencia afectiva unos tutores verbales y culturales.

La alianza del duelo y de la melancolía

Fue preciso esperar hasta 1917 para que Freud, en plena guerra, uniese el duelo a la melancolía. El retraimiento del interés hacia el mundo exterior, la pérdida de la capacidad de amar y de trabajar se transforman en agresividad contra el propio sujeto, en una infravaloración de su persona, en autocastigo.[9] Antes, desde luego, ya se había constatado la clínica de la tristeza, pero su causa se atribuía a las sustancias humorales, a la bilis negra, al mal humor. A partir de finales de la Edad Media y del Renacimiento, la demonología explicó este dolor del ser: «El diablo aprovecha las debilidades humanas, se entremezcla de buena gana con el humor melancólico».[10] Freud abrió un nuevo camino al explicar que era la pérdida afectiva de un objeto real lo que creaba ese sentimiento de «mundo vacío y gris». Entonces, legiones de investigadores se adentraron en ese sendero, que rápidamente se transformó en una autopista conducente a la siguiente etapa: «Todo duelo precoz, toda pérdida afectiva producida durante los primeros años de vida hace que la persona sea duraderamente vulnerable y prepara las depresiones de la edad adulta».[11]

Los trabajos sobre la resiliencia, que han observado las dificultades psicológicas durante ciclos vitales completos, llevan a resultados diferentes. Una treintena de niños con edades comprendidas entre los 3 y los 6 años fueron estudiados después de haber perdido, en los seis meses anterio-

9 P. Gay, *Freud: Una vida de nuestro tiempo*, Paidós, Barcelona, 1990. *(N. de los T.)*; S. Freud (1917), «Duelo y melancolía», en *Obras Completas,* vol. XIV, *op. cit.*, pp. 235-256.

10 J. Wier, citado en E. Pewzner, *L'homme coupable: La folie et la faute en Occident*, París, Privat, 1992, p. 57.

11 L. Fredén, *Aspects psychosociaux de la dépression*, Sprimont, Pierre Mardaga, 1982.

res, a uno de sus padres. Simplemente había que responder a dos preguntas: ¿existe una reacción de duelo tras la muerte de un padre? Después, volviendo a estudiar al niño de forma espaciada hasta la edad adulta, debíamos preguntarnos si esa legión de huérfanos precoces iba a sufrir más perturbaciones psíquicas de las que se observan habitualmente en la población en general. No solo se interrogaba a los niños y se les ponían pruebas, sino que también se examinaba al padre que había sobrevivido, a la familia y a los educadores.[12]

De esta labor enorme se obtuvo una decepción enorme, y eso es justamente lo interesante. Las alteraciones que aparecieron inmediatamente después del duelo fueron moderadas: dos niños manifestaron angustia, pesadillas, hiperactividad, algunas autoacusaciones, una autoagresión, algunos retrasos escolares, y algunas conductas de repliegue sobre sí mismos. Si el método de observación se hubiese limitado a estudiar a unos niños sin contexto, las conclusiones habrían podido ser que el duelo en un niño de menos de 6 años es muy diferente del duelo en un adulto —cosa que es cierta—. Y la segunda conclusión habría sido que la muerte de un padre no tiene prácticamente ninguna influencia en el desarrollo de un niño —cosa que es falsa—. Dado que este método examinaba también el contexto, pudimos verificar que los niños alterados eran aquellos cuyo padre superviviente se había visto más afectado, y comprobamos igualmente que, en su carencia, el niño no había encontrado apoyo afectivo. Por consiguiente, era el sufrimiento del padre superviviente lo que había alterado al niño.

La relación anterior del superviviente y del niño con el padre fallecido explica también la divergencia de las reaccio-

12 E. M. Kranzler, «Early childhood bereavement», en *J. Am. Acad. Child. Adolesc. Psychiatry* 29(4), 1992, pp. 513-520.

nes. Los niños que han adquirido un vínculo de carácter protector[13] se acercan más al padre que sobrevive al observar su pena. E incluso después de la adolescencia podemos observar que se produce una mejora afectiva entre los supervivientes, y que esa mejora es provocada por la muerte de uno de los padres: «Papá me necesita. No sabía que quería a mamá hasta ese punto. La pena nos ha acercado».

La constatación opuesta tampoco es rara. La muerte de un padre separa a los que sobreviven, sobre todo cuando se trata de un suicidio, ya que la culpabilidad invade las conciencias.

De hecho, existe un gran número de escenarios afectivos, y todos provocan reacciones diferentes. Los niños cuyo vínculo era ambivalente agreden con frecuencia al padre que vive el duelo porque su sufrimiento agrava el suyo propio. Por su parte, los vínculos de evitación se protegen del sufrimiento volviéndose más distantes que nunca.

Por último, en la edad adulta ya no se notan muchas más alteraciones en la población de los que han sufrido un duelo precoz que en la población general. Cosa que no significa en absoluto que los niños no hayan sufrido, y tampoco que hayan recuperado su desarrollo normal.

Cuando un niño de 10 años pierde a un padre, ha alcanzado ya, a esa edad, un nivel de desarrollo psíquico que le

13 M. D. S. Ainsworth, M. C. Blehar, E. Waters y S. Wall, *Patterns of Attachment: A Psychological Study of the Strange Situation*, Nueva Jersey, Erlbaum, 1978; comentado en R. Miljkovitch, *L'attachement au cours de la vie*, París, PUF, 2001.

Desde los 12 a los 18 meses, los niños de cualquier población manifiestan —en una situación de observación normalizada— un perfil de comportamiento de vinculación en el que el 65 % de los niños ha adquirido un vínculo de carácter protector: les gusta explorar porque se sienten amados; el 20 % ha adquirido un vínculo ambivalente: agreden a las personas a las que quieren; el 15 % lucha contra sus afectos para sufrir menos; el 5 % se siente confuso. El total es superior al 100 % debido a la inestabilidad de los vínculos no protectores.

permite representarse la muerte irrevocable. Las «muertes anteriores» eran juegos en los que se fingía caer, se realizaba la mímica de la inmovilidad, se proferían divertidos lamentos o se remedaban lejanos viajes. Entre los 6 y los 9 años, «el niño conoce la realidad material de la muerte».[14] Percibe al muerto y experimenta además el vacío provocado por la representación de una pérdida definitiva. El sufrimiento no es ya de la misma naturaleza, es preciso hallar otros tutores, más sensatos y más sociales, para ayudarle a proseguir un desarrollo que en lo sucesivo se verá modificado por la aparición de la muerte en su historia.

Es por tanto difícil establecer una causalidad lineal y decir: «Los que padecen un duelo precoz tendrán más depresiones que los demás». Las causas son incesantes en la vida de un ser humano, una causa de felicidad puede venir después de una causa de desgracia. El acontecimiento que un día provoca un sufrimiento puede ser otro día utilizado para generar felicidad. Las cascadas de causas hacen que converjan las fuerzas opuestas que pueden reparar a un niño o agravar su situación, empujarle en un sentido o frenarle. Sin embargo, a partir de ese momento, los tutores dejan de ser exclusivamente afectivos. Cuanto más se desarrolla un niño, tanto más «se alejan las personas cercanas», tanto más se tejen y se diversifican los vínculos. Después de la madre y del padre, el niño descubre otras personas próximas en la constelación familiar: la fratría, la vecindad, los animales familiares, el colegio. Más adelante, irá a buscar vínculos en sitios que no son su propia familia: en su grupo social e incluso más lejos.

Todo ello permite decir que después de un duelo precoz, si el entorno se reorganiza alrededor del niño, este podrá retomar un desarrollo modificado. Pero si no tiene entorno

14 M. Hanus, *La résilience, à quel prix?*, París, Maloine, 2001, p. 62.

porque la familia se halla alterada o ha desaparecido, porque la sociedad está deshecha o porque la creencia cultural impide proponer tutores de resiliencia, entonces sí que podemos inquietarnos.

¿Es más demoledor el vacío de la pérdida que un entorno destructor?

Es difícil repartir la responsabilidad entre el carácter nocivo de la ausencia y la toxicidad de un entorno destructor. En las situaciones de desfallecimiento parental, cualquier evaluación resulta difícil. Cuando una pareja no para de maltratar a su hijo pequeño, cuando un adulto estafa con la sexualidad a un niño, cuando la negligencia le aísla en un armario, las alteraciones del desarrollo son tan importantes que, para protegerle, es preciso separar al niño de esas influencias.[15] Esta decisión que tanta angustia genera empuja a los educadores a solicitar recetas que les proporcionen seguridad. Solo conozco dos.

1. La separación protege al niño, pero no cura su traumatismo. Un factor de protección no es un factor de resiliencia que invite al niño a retomar un tipo de desarrollo.
2. Cuando la separación aísla al niño para protegerle, causamos un trauma añadido. El niño ya traumatizado por sus padres conserva en la memoria el recuerdo de que aquellos que quisieron protegerlo no consiguieron sino agredirle por segunda vez. Entonces relativiza los malos tratos de los padres

15 M. Berger, «L'utilité des critères indicateurs de placements?», en *Journal du droit des jeunes* 213, 2002, pp. 18-23.

> con el fin de preservar la imagen de unos padres que, a pesar de los pesares, le parecen amables, y magnifica el recuerdo de la agresión de quienes le protegieron. Este mecanismo de defensa, terriblemente injusto, es no obstante habitual.

A partir de la edad de 8 años, Albert «era encerrado en el exterior» cada vez que sus padres se marchaban de vacaciones. Cerraban la casa, subían en su cochazo y dejaban al niño solo en el exterior de la vivienda, sin comida, sin cama y sin llaves, todo ello porque de lo contrario habría manchado la casa. Una vecina tardó varios años en comprender una situación tan inverosímil y en alertar a los servicios sociales. El niño, que pasaba frío, hambre y que se ensuciaba cuando estaba fuera, sufrió mucho más a causa del aislamiento en una institución en la que nadie le dirigía la palabra. Por el contrario, en la época en que dormía fuera había un perro cuyo cubil compartía y del que se ocupaba. Este factor de protección social provocó por tanto un aislamiento afectivo que agravó las alteraciones del desarrollo de Albert hasta el punto de que a la edad de 24 años estuvo considerando la idea de poner un pleito a la familia vecina. Esta familia quedaba conmocionada cuando veía que el antiguo niño maltratado se ponía a limpiar el jardín de sus padres para tratar de seducirles. No fue el maltrato lo que hizo que este joven se volviese anormalmente amable, fue la cascada de traumatismos que había atribuido al jardín un significado relacional del que el muchacho se valía para fabricarse la imagen de unos padres buenos: «Estarán contentos cuando vuelvan, y serán amables conmigo».

No es posible dar recetas, porque los razonamientos carecen de sentido. No podemos decir que la separación proteja al niño ni que sea preciso dejarle en la familia maltratadora dado que desea seducirla. Es necesario valorar el mayor número posible de elementos de la historia de ese chico y de su contexto con el fin de descubrir cuál sería la situación resiliente, así como para evitar una situación que le deje aún más desamparado.

No siempre es la apariencia lógica lo que protege al niño y lo que permite predecir que será capaz de retomar su desarrollo. La única predicción fiable en este terreno es la que puede hacerse cuando no se toma ninguna medida. Sabemos que eso sí produce alteraciones «que se encuentran en el origen de dificultades psíquicas de envergadura, de déficits intelectuales, de comportamientos violentos, de alteraciones de la conducta, de perturbaciones psiquiátricas».[16] No es la pobreza de sus padres lo que altera al niño, es el aislamiento afectivo, la ausencia de rutinas. Un niño al que se deja solo se queda atrasado porque todo aprendizaje se vuelve para él una fuente de angustia. Al no obtener seguridad, no experimenta el placer del descubrimiento. Al no sentir el placer de depender de un adulto contra cuyo cuerpo le guste acurrucarse, no puede orientarse más que partiendo de su propio cuerpo, es decir, balanceándose, chupándose el pulgar, vocalizando a solas, y privándose de este modo de tutores de desarrollo. El propio hecho de pensar se vuelve fuente de angustia, ya que, para comprender, es preciso crear una representación nueva. Entonces, todo cambio angustia al niño. Privado de rutinas afectivas, el niño se prohíbe pensar para no sufrir demasiado. Y cuando el desfallecimiento parental es precoz y duradero, cuando, por desgracia, ese entorno sin tutores es estable, el niño fija en su memoria un tipo de desarrollo autocentrado. De este modo, ha aprendido un medio vacío, incorpora un desierto afectivo a su memoria. Las únicas informaciones soportables serán las que provengan de su propio cuerpo. En las

16 *Ibid.*

situaciones en las que el entorno está desprovisto de tutores afectivos, el futuro de los niños se ve gravemente comprometido: el 77 % sufrirá una deficiencia intelectual grave, el 32 % no obtendrá más que un certificado de aptitud profesional,[17] y el 95 % de los que no tuvieron infancia tendrá miedo a convertirse en padre o madre. Traspasados por el pánico ante la idea de tener un hijo, harán cualquier cosa para evitar tenerlo, ya que eso les haría sufrir. Cuando logran convertirse en padres, este hecho les angustia hasta tal punto que transmiten su angustia al niño. Es posible prever semejante catástrofe evolutiva cuando no se hace nada, cuando los estereotipos culturales estigmatizan a estos niños, cuando se dice que son monstruosos, que no tienen arreglo, que serán toda su vida unos retrasados, unos gérmenes de delincuencia, cuando el Estado no construye ninguna institución que les dinamice, cuando las familias exhaustas o mal constituidas impiden que se teja todo vínculo afectivo, o cuando los adultos responsables, al no creer en la posibilidad de recuperar a esos niños, no disponen a su alrededor ningún tutor de resiliencia.

Un rescoldo de resiliencia puede reavivarse si se le sopla

He tenido ocasión de ver cómo volvían a la vida algunos niños gravemente alterados. Pienso en una madre genial y desdentada, muy pobre, pero rica en afecto, que había tenido a bien recoger a tres malos chicos de un orfanato de Timisoara porque pensaba que vivir sola era realmente muy difícil. Un año después, los tres chicos habían sufrido una

17 F. Mouhot, «Le devenir des enfants de l'aide sociale à l'enfance», en *Devenir* 13(1), 2001, pp. 31-66.

metamorfosis. Al saberse responsables de la anciana, habían reparado incluso la casa, plantado en el jardín y construido una porqueriza. Lavaban la ropa, fregaban los platos y rodeaban a la anciana señora, que decía con una sonrisa sin dientes que echaba de menos los tiempos en que podía trabajar. Al saberse responsables de esa señora vulnerable, los chicos habían restaurado la casa, el establo y su propia estima. La casa arreglada y la abuela dichosa se convertían en la prueba de su competencia y de su generosidad.

Una pequeña población de niños abandonados fue objeto de estudio en un orfanato de Vidra, en Rumania.[18] Tan pronto como empezaron a verse inmersos en un medio afectivo estructurado por las interacciones de rutina, la mayoría retomó su desarrollo. Los niños vieron mejorar sus habilidades motrices, recuperaron su retraso lingüístico, e incluso lograron amortiguar sus dificultades de relación. Los niños aprendieron gradualmente a sostener la mirada, a responder con sonrisas y a buscar el afecto que necesitaban. No todos los niños se recuperaron del mismo modo, las diferencias individuales fueron grandes. Algunos recuperaron su retraso lingüístico en unos meses, otros «prefirieron» ganar antes algo de talla y de peso. Algunos sonreían mucho, otros pasaron por un período de hiperactividad, y un pequeño número no recuperó nada.[19]

Estos abundantes ejemplos prueban que es nuestra cultura científica la que parcela el saber para dominarlo mejor.

18 S. Ionescu y C. Jourdan-Ionescu, «La résilience des enfants roumains abandonnés, institutionnalisés et infectés par le virus du sida», en M. Manciaux, *La résilience. Résister et se construire*, Ginebra, Médecine et Hygiène, 2001, pp. 95-99 [trad. cast.: «La resiliencia del niño humano abandonado, institucionalizado e infectado por el virus del sida», en *La resiliencia: resistir y rehacerse*, Barcelona, Gedisa, 2003, pp. 121-127].

19 T. G. O'Connor, D. Bredenkamp y M. Rutter, «Attachment disturbances and disorders in children exposed to early severe deprivation», en *Infant Mental Health Journal* 20(1), 1999, pp. 10-29.

Un niño real no es fragmentable, es un ser total cuya mejoría corporal se asocia al progreso del lenguaje, y cuya inteligencia se alía con la afectividad.

Podemos «replantearnos la muy difundida idea de que la experiencia precoz tiene un efecto desproporcionado en el desarrollo ulterior».[20] El niño aprende su entorno, lo incorpora a su memoria y a sus desarrollos desde los primeros meses. Cuando la burbuja sensorial que proporciona el entorno familiar está bien estructurada mediante rutinas afectivas y de comportamiento, el niño se desarrolla a lo largo de estas estructuras sensoriales. Cuando esas rutinas no se ponen en marcha durante los primeros meses, el niño no puede organizarse y no logra desarrollar nada. Es por tanto preciso disponerlas deliberadamente más tarde en torno del niño —que se encuentra desorganizado por la desorganización de su medio— para poder observar que retoma su desarrollo. Cada niño responde a su manera, pero, en aquellos casos en que la privación ha durado demasiado tiempo, cuando la extinción psíquica ha sido total, o cuando el nuevo medio no ha soplado sobre los rescoldos de resiliencia, el niño tendrá dificultades para volver a la vida.

Cómo conseguir que un niño maltratado repita el maltrato

Esta observación clínica hace imposible caer en el estereotipo: «Dado que fue maltratado en el transcurso de su primera infancia, ha aprendido que la violencia es una modalidad normal para la resolución de problemas, y por consiguiente

20 A. Clarke, *Early Experience and the Live Path*, Londres, Jessica Kingsley Publishers, 2000.

repetirá el maltrato». Hay que reconocer que los niños maltratados alternan con frecuencia unos comportamientos de vigilancia glacial con explosiones de violencia contra las personas que les son próximas. Estando siempre vigilantes, se muestran graves, atentos al menor indicio en el comportamiento del adulto, y tienen tendencia a llegar a los extremos.[21] Un pliegue de las cejas, una tensión vocal, una boca imperceptiblemente fruncida significarán a sus ojos que existe algún peligro. De pronto, la pulsión estalla en todas direcciones, contra otro, contra un objeto, o contra sí mismo, ya que el niño no ha aprendido a dar forma a sus emociones. Este tipo de aprendizaje relacional, de incorporación de un estilo afectivo, se produce desde los primeros meses y explica por qué, en una población de niños maltratados, casi todos hayan adquirido entre el duodécimo y el decimoctavo mes un vínculo de tipo no protector, de evitación, ambivalente o desorganizado.[22]

Al crecer, estos niños adaptados a un medio en el que toda información es una amenaza hablan poco y no se esfuerzan en el colegio. Este estilo afectivo, impregnado en su memoria por los hábitos de comportamiento vigentes en un entorno en el que el vínculo desorganizado se mezcla con la violencia, es una adaptación, y no un factor de resiliencia, porque estos niños aprenden a no ver sino las amenazas del mundo y a responder a ellas.[23]

21 J. Lecomte, *Briser le cycle de la violence. Quand d'anciens enfants maltraités deviennent des parents non-maltraitants*, tesis doctoral en psicología, Toulouse, École Practique des Hautes Études, 2002.

22 D. A. Wolfe y C. Wekerle, «Pathways to violence in teen dating relationship», en D. Cicchetti y S. L. Toth (ed.), *Developmental perspectives on trauma: Theory, research, and intervention*, Nueva York, Universidad de Rochester Press, 1998, pp. 315-341.

23 D. B. Bugenta, «Communication in abusive relationship: Cognitive constructions of interpersonal power», en *American Behavioral Scientist* 36(3), 1993, pp. 288-308.

Cuando la violencia se repite en familias cerradas, las respuestas de comportamiento del niño quedan fijadas y caracterizan su estilo..., al menos mientras no se abra el sistema.

Conservo el aterrador recuerdo de unos niños con la cabeza rapada, inmóviles y mudos detrás de la verja de la suntuosa institución en la que estaban encerrados. Después de haber sido maltratados por sus padres, eran maltratados por la sociedad, que los separaba para protegerlos, y después eran aislados en una finca con un gran parque al que nadie iba a verles. Habituados a no recibir más que amenazas, respondían a las simples órdenes mediante tentativas de agresión a los adultos. La relación se hallaba completamente pervertida, ya que los adultos, al sentirse a su vez amenazados por los chicos, alternaban, al igual que ellos, la vigilancia glacial con las explosiones de cólera.

Algunos trabajos observan que el cien por cien de los niños maltratados se vuelve violento, mientras que otras investigaciones no encuentran más que un 70 %.[24] En toda población, el 65 % de los niños adquiere un vínculo confiado, una forma de amar en la que, al sentirse amables, los niños se atreven a seducir al desconocido. ¡En algunas poblaciones de niños maltratados, ninguno de ellos ha adquirido este comportamiento (0 %)! La diferencia es fabulosa. Todos estos trabajos científicos permiten por consiguiente valorar la siguiente idea: ¡maltratar a un niño no le hace feliz! Tras este impresionante descubrimiento avalado por las cifras podemos preguntarnos si lo que explica semejante variación numérica no deberá atribuirse a las variaciones del medio.

24 D. Cicchetti, S. Toth y M. Bush, «Development psychopathology and competence in childhood: Suggestions and interventions», en B. B. Lahey y A. E. Kazdin (eds.), *Advances in Clinical Child Psychology*, vol. 11, 1998, Nueva York, Plenum, pp. 1-77.

Dos referencias permiten ilustrar hasta qué punto esta violencia aprendida depende mucho más del medio que del niño. Si se le cambia de medio, el niño cambia de adquisiciones. Los niños violentados o descuidados[25] no solo sufren la alteración de un número elevado de lesiones cerebrales más o menos graves, sino que también tienen más accidentes que la población general. De aquí no se puede concluir que hayan contraído el virus de la violencia y que eso sea lo que les empuja a tener accidentes, pero cuando asociamos la observación clínica a los estudios científicos, comprendemos que estos niños desgraciados, cuyo mundo mental está invadido por imágenes de sufrimiento, se encuentran en cierto modo aislados de lo real porque lo analizan mal. Entonces, cuando surge una situación difícil, la tratan de forma confusa o se abandonan a ella con una renuncia que equivale a un suicidio.

La triste dicha de Estelle era, pese a todo, un progreso

El cociente intelectual no permite valorar numéricamente la inteligencia de un niño sino su velocidad de desarrollo intelectual en un entorno dado.[26] Esta prueba nos brinda una referencia de la adaptación intelectual en una cultura en la que el colegio desempeña un papel importante. Algunos investigadores han divinizado el cociente intelectual y han confeccionado con él una jerarquía intelectual. Esto explica

25 L. S. Éthier, «La négligence et la violence envers les enfants», en E. Habimana, L. S. Éthier, D. Petot y M. Tousignant, *Psychopathologie de l'enfant et de l'adolescent: approche intégrative*, Montreal/París, Gaétan Morin Éditeur, 1999, p. 604.

26 M. Emmanuelli, «Quotient intellectuel», en *Dictionnaire de psychopathologie de l'enfant et de l'adolescent*, París, PUF, 2001.

que otros lo hayan combatido con el fin de descalificarlo, fraguándose así una lucha de ideas de carácter más ideológico que científico.

El pensamiento fijista petrifica los datos. Sin embargo, cuando se observa durante largo tiempo a estos niños, se constata que aquellos que se dejaban arrastrar hasta el accidente no permiten ya que se les acerque en cuanto se sienten amados. Y en cuanto al cociente, que refleja la vivacidad intelectual tal como lo haría un flash, verdadero hoy pero falso mañana, nos revela que el despertar del niño sube como una flecha tan pronto como el medio atribuye al conocimiento un valor relacional. Se juega a hablar para intercambiar los afectos, se aprende a leer con alguien a quien se quiere, se adquieren conocimientos para compartir mundos abstractos. La cifra del cociente intelectual es intersubjetiva, es un encuentro afectivo que varía mucho en función del medio en el cual esté inmerso el niño.[27]

Esta es la razón de que el cociente intelectual no deje de ser un indicador de resiliencia, con la condición de que no lo convirtamos en una recuperación ideológica, como si la inteligencia fuese una cualidad cerebral o una característica propia de un grupo social. La inteligencia del niño resiliente es ante todo relacional. Si no existe humanidad a su alrededor, ¿para qué habría de hacer el esfuerzo de comprender? No tratará de resolver más que los problemas inmediatos.

Por el contrario, tan pronto como alguien tenga a bien amarle, el niño herido deseará tanto establecer con esa persona una relación afectiva que se someterá a sus creencias únicamente para poder tener algunas ideas que compartir con ella. ¡Conozco a muchos niños abandonados que han abrazado las ideologías de los adultos simple-

27 A. Dumaret y J. Stewart, «Récupération des retards du développement psychologique après disparition des facteurs environnementaux néfastes», en *La Psychiatrie de l'enfant* 32(2), 1989, pp. 293-615.

mente para tenerlos contentos, para existir en su mente! Esos niños se ponían a trabajar en oficios que no les gustaban, sencillamente para tener ocasión de hablar de vez en cuando sobre el particular con el educador que estaba dispuesto a quererles.

El padre de Estelle no hablaba nunca. Se quedaba emparedado en su dolor por haber sido expulsado de Argelia. Era muy impresionante ver a ese hombre, enorme, sombrío y duro, explotar por tonterías. Toda la familia vivía en una casita en pleno bosque, donde los propios árboles participaban en el encierro. La madre, atemorizada, callaba también.

«Mi madre es gris», decía Estelle. En esa tumba forestal, los únicos momentos de alegría eran los que aportaban los dos hermanos mayores. Este fue el motivo de que Estelle no comprendiera inmediatamente lo que pasaba la noche en que se metieron en su cama. Más adelante, la chiquilla, ya crecida, conoció varios años de confinamiento afectivo y sexual en algo que difícilmente podríamos llamar una familia. Cuando el padre murió, los dos hermanos habían aprendido un oficio respetable. Estelle encontró insufrible quedarse a solas con su madre, pero tampoco pudo soportar la idea de intentar la aventura social, ya que eso le producía gran temor. Pasó varios años tristes en una residencia de extrarradio, e intentó suicidarse varias veces para matar la vida que llevaba. Hasta que un día encontró a un hombre mayor con el que se atrevió a vivir. Estelle se sintió mejor al frecuentar a este señor que no la amaba, pero ella se vinculaba a él porque le daba seguridad. Tenía necesidad de que alguien desempeñase el rol maternal del que jamás había disfrutado. No hace falta decir que la sexualidad fue mediocre. Sin embargo, Estelle perdonaba este déficit a su lastimoso amante, tanta era la necesidad que sentía de poder mantener su vínculo. Él era contable y pagó a Estelle unos estudios de contabilidad, pese a que ella solo soñaba con la literatura. Él la ayudó mucho. Hoy, Estelle desempeña un oficio que no le gusta, y vive en compañía de un hombre al que no ama: ¡se encuentra mucho mejor!

Permitir la resiliencia consiste en proponer un tutor de desarrollo a un herido. Sin este hombre, Estelle solo habría conocido el terror, el confinamiento sensorial, el incesto de los dos hermanos, el temor a los demás. Gracias al contable, Estelle retomó un tipo de desarrollo capaz de fortificarla y de darle seguridad.

No podemos decir, por tanto, que un trauma provoque un desmantelamiento característico, afirmando, por ejemplo, que el incesto conduce a la prostitución o que el maltrato fuerza a repetir el maltrato. Estas tendencias solo se manifiestan cuando no se hace nada para ayudar al herido. La historia de Estelle permite pensar de forma diferente: un trauma puede conocer evoluciones o desarrollos distintos en función de las posibilidades de tejer vínculos distintos que se ofrezcan al herido.[28]

La resiliencia de los niños de la calle en la Suiza del siglo XVI

Ahora que empezamos a estudiar científicamente las historias de la vida, descubrimos que en todas las épocas hubo un gran número de personas que tuvieron que afrontar tales desgarros. Las heridas traumáticas eran frecuentes durante los siglos anteriores, y los relatos de estas rasgaduras permiten comprender de qué modo lograron salir algunas personas del infierno y llevar una vida humana, a pesar de todo.

28 C. Wekerle, A. David y A. Wolfe, «The role of child maltreatment and attachment: Style in adolescent relationship violence», en D. Cicchetti y B. Nurcombe (comp.), *Development and Psychopathology* 10(3), 1998, Cambridge, Cambridge University Press, p. 574.

Thomas Platter fue un escolar vagabundo que vivió en el siglo XVI.[29] Nació cerca de Zermatt y corrió el riesgo de morir porque su madre no podía amamantarle. Le daban leche de una vaca, y él la tomó durante cinco años por medio de un cuerno agujereado. Su padre muere mientras Thomas es aún un bebé. Su madre, arruinada, lo confía a una hermana granjera, que convierte a Thomas en mozo de labranza desde los 7 años. Extremadamente débil, el niño sufre los empujones de las cabras, las palizas de los guardas y los huesos rotos de sus frecuentes accidentes. Escaldado en una ocasión, vive con los pies congelados porque no tiene zuecos para andar por la nieve, aunque su gran padecimiento es la sed.

Cuando interrogamos a los niños de la calle,[30] nos dicen hasta qué punto se convierte la sed en una constante preocupación, con frecuencia incluso en una tortura. Sin embargo, algunos años más tarde, cuando se les pide que establezcan el relato de sus momentos difíciles, optan por no referir, de entre sus recuerdos, más que los acontecimientos verosímiles, olvidando incluso hasta qué punto llegaron a pasar sed. No debe sorprendernos este aspecto reconstructivo de la memoria que, por otra parte, explica su potencial terapéutico. Al elegir unos recuerdos lógicos y olvidar los acontecimientos no significativos, dan coherencia a la imagen que se forjan de su pasado y se sienten mejor identificados. La sed que les torturó durante gran parte de sus días no ocupa lugar alguno en sus recuerdos. Por el contrario, el colegio se convierte en un acontecimiento capital en sus relatos, porque constituye el primer paso hacia su socialización. En la época de Thomas Platter,

29 A. Tabouret-Keller, «Thomas Platter, un écolier vagabond au début du XVIe siècle», en *Le Furet* 30, diciembre de 1999, pp. 50-53.

30 C. G. Banaag, *Resiliency: Stories found in Philippine Streets*, Unicef, 1997.

los maestros pegaban terriblemente a los niños. Les levantaban en vilo agarrándoles por las orejas, y les gustaba particularmente golpearles en las yemas de los dedos, donde la sensibilidad al dolor es mayor. Platter va al colegio durante el día y mendiga durante la noche. «Muchas veces tuve gran hambre y frío cuando vagabundeaba hasta la medianoche, cantando en las tinieblas para ganarme el pan».[31] Le dan con frecuencia un pan reseco al que raspa el moho. Come con placer, pero el deleite no es físico. No es el pan lo que le hace disfrutar, es el hecho de tragarse un alimento enmohecido lo que hace nacer en él la esperanza de un poco de vida. El significado del hecho proviene de su contexto: comer pan mohoso cuando se está solo en la calle da un poco de esperanza, mientras que si Platter hubiera tenido que comer el mismo pan mohoso en una familia rica, se habría sentido mortificado.

Tras algunos meses de colegio, sigue viviendo en la calle, donde descubre el valor protector de la pandilla. Estas «bandas» de ocho o nueve niños de entre 10 y 15 años recorrían a pie unas distancias extraordinarias. Thomas sale de Zúrich, llega a Dresde, pasa una temporada en Múnich, regresa a Dresde. Crece, conoce el país, y aprende los dialectos de las regiones que atraviesa hasta el punto de que ya no le comprenden cuando regresa al terruño. Estos niños sufren agresiones físicas, explotación y desprecio, y se les insulta con regularidad. Cuanto más crecen, más vergüenza sienten por tener que mendigar.

Cerca del lago de Constanza, Thomas experimenta una vivísima impresión al ver «en el puente a varios niños campesinos suizos vestidos con sus blusones blancos: ¡ah, qué feliz me sentí; pensé que estaba en el paraíso!».[32] De vez en

31 E. Leroy-Ladurie, *Le siècle de Platter, 1499-1628, Tome 1: Le mendiant et le professeur*, París, Fayard, 1995, pp. 41 y 42.
32 *Ibid.*

cuando va al colegio. A los 18 años no sabe leer, pero se dice: «Estudiar o morir». Entonces aprende las lenguas *latina, graeca et hebraica* con un frenesí de autodidacta: estudia de todo, demasiado y en desorden. Se hace cordelero, se casa, pierde a su mujer, vuelve a casarse, se ocupa de muchos niños y continúa sus estudios. Se convierte en «docto maestro», en director de un prestigioso colegio de Bâle y en rector del colegio de la catedral. Más aún, uno de sus hijos, Félix Platter, será médico de la corte de Enrique IV, se hará amigo de Montaigne y se convertirá en un escritor célebre.

Esta es una biografía frecuente en la Europa de la época. Platter no transmitió el maltrato a sus hijos. ¿Quizá les transmitió en cambio una furiosa afición al estudio y la fiebre de la felicidad? No hay duda de que este tipo de reconstrucción transita muy cerca de la angustia y del agotamiento, pero ¿quién ha dicho que la resiliencia fuese un camino fácil?

Lo que me extraña es la viva impresión del pequeño Thomas, el hecho de que se hubiera sentido «como golpeado por un rayo», al ver los blusones blancos de los niños bien educados: como todo pararrayos, si recibió la descarga eléctrica fue únicamente por el hecho de ser un receptor privilegiado. Siendo sensible a este tipo de imágenes, las percibía mejor que cualquiera, incluso las esperaba. Se sintió en el paraíso al ver los blusones blancos, mientras que otro niño abandonado habría podido experimentar odio o celos. ¿Por qué aspiraba Thomas a llevar el blusón blanco y a ir al colegio, él que mendigaba, dormía al raso y era analfabeto?

Probablemente porque una parte de su personalidad había sido moldeada por acontecimientos que, impregnados en su memoria, le habían vuelto sensible a este tipo de proyecto de existencia. El ideal de su yo, sus aspiraciones y, probablemente, sus ensoñaciones, revelaban aquellas cosas que aún podían hacerle feliz, a él, que no había conocido más que una increíble sucesión de desgracias.

En nuestro mundo moderno, los niños de la calle, cuyo número crece considerablemente,[33] viven una aventura comparable a la que conoció Thomas Platter en el siglo XVI. ¿Conocieron, antes de «verse en la calle», alguna interacción precoz que pudiese provocar un difícil primer vínculo? Y una vez en la calle, ¿podemos decir que su agresión sea aún peor que la de Thomas Platter?

Todos los que han trabajado con niños de la calle han constatado sus enfermedades físicas, sus frecuentes heridas «accidentales», lo difícil que es aproximarse a ellos y establecer un vínculo. Y sin embargo, lo que nos impresiona son esos niños que a pesar de los reveses de la fortuna y del horror de su vida cotidiana consiguen aguantar el tipo e incluso salir adelante. Es en estos últimos en los que es preciso interesarse para comprender cómo se ha operado en ellos ese proceso y con qué entorno: de este modo podremos ayudar mejor a aquellos que tienen dificultades para reconstruirse.

Se sentían amables porque les habían amado: habían aprendido la esperanza

El siglo XX se ha cubierto de vergüenza con sus ideologías mortíferas. Estas operetas trágicas, a cada cual más seductora, conducían a la muerte. Los niños alemanes, adorables rubitos de entre 8 y 12 años, eran bellos cuando jugaban a la

33 C. G. Banaag, *Resiliency: Stories found in Philippine Streets, op. cit.*, p. 5. Hoy hay en el planeta 120 millones de niños de las calles (Dominique Versini, secretariado de Estado para la lucha contra la precariedad y la exclusión, UNESCO, 21 de noviembre de 2002).

guerra en pantalón corto y gorra de marinero. Casi todos murieron pocos años después, y los que sobrevivieron se convirtieron en verdugos para imponer la opereta en la que creían. ¡Los niños soviéticos estaban tan guapos con sus cabellos de oro de pequeños ucranianos, sus rasgados ojos de asiático o su bronceada tez de georgianos! Mientras agitaban su pañuelo para declarar su amor al padrecito de los pueblos, la policía invisible deportaba a decenas de millones de personas que morían en secreto, sin abandonar su adhesión a la comedia que les mataba.

Podemos predecir, sin riesgo de equivocarnos, que el siglo XXI será el siglo de las poblaciones desplazadas. La existencia de unos países cada vez más ricos a escasas horas de viaje de otros países cada vez más pobres, de tradiciones culturales olvidadas, de grupos constituidos por conglomerados incoherentes, de estructuras familiares hechas trizas, de más de cien millones de niños abandonados en el planeta, provocará sin duda reacciones de supervivencia, huidas a países mejor estructurados.[34]

Ya se trate de los niños suizos del siglo de los Platter, de los niños europeos que se vieron en la calle tras la guerra, o de los chiquillos del sureste asiático de nuestros días, todos los que han conseguido salir adelante han llevado a cabo un programa común de resiliencia.

¡Estos niños, increíblemente sucios, heridos, enfermos, drogados y en ocasiones prostituidos, trabajaron en la reparación de su propia estima! Aquellos que no lo conseguían aprendían a su pesar la violencia y la desesperación. Sin embargo, quienes lograban poner en marcha una labor de resiliencia eran aquellos que, antes de verse

34 A. Berrada, «Migration et sécurité de l'enfant», en *Droits de l'enfant et sécurité humaine dans l'espace euro-méditerranéen*, Marrakech, octubre de 2002. Por el contrario, Hervé Le Bras piensa que las poblaciones se vinculan con el lugar de origen.

en la calle, habían aprendido la esperanza. En el curso de sus interacciones precoces había quedado impregnada una huella en su memoria: la del sentimiento de haber sido socorridos en las dificultades siendo muy pequeños. No tenían verdaderos recuerdos, no tenían imágenes de una figura de vínculo que se ocupara de ellos ni el recuerdo de unas palabras que les hubiesen transmitido la promesa de una ayuda, y, pese a todo, se sentían amables porque les habían amado, y por consiguiente, esperaban que alguien les brindara ayuda. El momento en el que es más fácil lograr la impregnación de este vínculo protector es el correspondiente a los primeros meses. Sin embargo, la adquisición de ese sentimiento y de ese estilo relacional es un elemento facilitador, no una fatalidad. Todo lo que no se pone en marcha en el momento en el que resulta más fácil hacerlo podrá trabajarse más adelante, aunque con mayor lentitud.

La esperanza aprendida, impregnada en su memoria como una huella sin representación, crea en ellos una aptitud para soñar el porvenir: «Hoy soy desgraciado, lo real es desolador, pero, dado que ya me han amado, conseguiré que me amen. ¿Qué debo hacer para encontrar a la persona que tendrá a bien ayudarme?». Por regla general, los sueños hacen retornar las huellas del pasado, pero, en la esperanza aprendida, los sueños de anticipación son construcciones imaginadas de nuestros deseos. Uno puede soñar para protegerse o soñar para imaginarse. El refugio en la ensoñación no siempre es una ensoñación activa. Es un bálsamo cuando lo real es doloroso, pero la ensoñación activa es una muestra de la forma en que puede uno hacerse feliz a sí mismo. Es una actividad creadora que ancla la esperanza en un mundo desesperado. Desde luego, la felicidad se representa de forma virtual en un escenario de imágenes, pero esta escena con la que se fantasea da forma a la esperanza. Sin este tipo de imaginario, los niños heridos permanecerían atados al presente, pegados a la percepción de las cosas. Eso es lo que ocurre cuando los niños se ven agitados porque no se les hace soñar, o cuando los consumidores quedan sometidos a los placeres inmediatos.

Esta es la razón de que los resilientes de las calles sueñen su porvenir en un contexto desolado en el que, lógicamente, deberían desesperarse. Aquellos que se adaptan en exceso a esta realidad aterradora se contentan con responder al presente. Se convierten en ladrones para sobrevivir, se drogan para calmarse y se prostituyen para hacer buenos negocios. Sin embargo, los que han aprendido la esperanza proyectan en el escenario de su teatro íntimo un sueño ideal en el que se adjudican el rol de un niño amado, de un héroe prestigioso o de un adulto de felicidad simple.

Esta labor imaginaria les salva del horror porque les libera del contexto, y les invita a trabajar porque les propone la realización de un ideal de sí mismos. Lo que resulta notable, es que el desencadenamiento de la resiliencia, su propio surgimiento, brote del imaginario. Curar a estos niños, alimentarlos, lavarlos, es, desde luego, una necesidad física, pero no desencadena un proceso de resiliencia. Del mismo modo que el elemento que provoca el trauma necesita que a un golpe en lo real siga una representación de dicho golpe, podemos decir que lo que constituya la resiliencia requerirá una reparación del golpe real, seguida de una reparación de la representación de ese golpe. Un niño lavado, alimentado, vendado, estará mejor en los instantes inmediatos, sin duda es preciso hacerlo, pero si ese vendaje no incorpora el sentido, si no está impregnado de significado y de dirección, el niño volverá a la calle. Será preciso empezar de nuevo, y ahora culpabilizándolo, «después de todo lo que se ha hecho por él».

Dar a los niños el derecho de dar

Deambular sin meta y sin ensoñación nos somete a lo inmediato. En cambio, si damos al niño ocasión de representarse lo que ha sucedido, podremos desencadenar un proceso de resiliencia. En primer lugar, es preciso apartarle de la urgencia con el fin de ayudarle a experimentar la representación que vamos a elaborar con él. ¡Es sorprendente ver a un adulto organizar una reunión filosófica en una cafetería con niños de la calle! Un observador ingenuo podría incluso indignarse: «¡Están mal de la cabeza, los niños se encuentran solos en el mundo, no van al colegio ni tienen protección y les hablan de Platón o del desapego de Confucio!». Al evocar con ellos a esos pensadores abstractos, se invita a los niños a la trascendencia, se les propone conquistar otro mundo, un mundo distinto al que han de afrontar, y entonces —si el intercambio intelectual transcurre en el marco de unos lazos amistosos— podemos asistir a una metamorfosis.

Rafaël estaba perfectamente adaptado a la calle. Sabía robar un bolso sin que le cogiesen, lavar los coches detenidos en los semáforos en rojo, mendigar, drogarse un poco, vender cigarrillos y venderse, de vez en cuando, a sí mismo. Sobrevivía sin sufrir demasiado, y no se daba cuenta de que, de este modo, evolucionaba en la dirección de un déficit de socialización. Cornelio, pese a sus dos metros de estatura, no daba miedo a los niños. Se sentaba encima de un murete de piedra y entablaba con los niños una discusión filosófica. Una reflexión trivial les habría espantado. Estaban demasiado habituados a las observaciones moralizadoras mordaces. El discurso, que versaba sobre el tema «¿Se es libre en la calle?», había provocado carcajadas, estallidos de cólera y mucho asombro. El pequeño Rafaël había quedado conmocionado: ¡así que era posible vivir de otro modo! Algún tiempo después, le cogió la policía, y ese día, Rafaël no reaccionó como solía. En vez de fingir que era un tipo duro, se aproximó al policía y le dijo:

«Deme una bofetada, por favor». El policía, desamparado, sintió apagarse su agresividad, y le entraron ganas de charlar con Rafaël en lugar de interrogarle con dureza. Intercambiaron puntos de vista sobre la familia, la maldad de los adultos y el placer del colegio. El niño no tenía ninguna gana de que le diesen una bofetada. Pero sabía que al decir esa frase iba a desarmar al policía. La empatía, esa aptitud que nos permite ponernos en el lugar del otro, es sin duda un factor esencial de la resiliencia. Ponerse en el lugar del otro permite calmarle, o en su caso ayudarle o complacerle, ofreciéndole un espectáculo. ¡Es curioso! ¿Por qué decimos «ofrecer» un espectáculo? ¿Damos algo al otro al situarnos en el centro del escenario? ¿Podría tratarse de una forma de restablecer la igualdad cuando uno se ha visto dominado? ¿Nos volverá normales el hecho de compartir nuestro mundo íntimo?

En cualquier caso, un día u otro, el trauma se transforma en recuerdo.[35] Así las cosas, ¿sería posible no hacer nada con él? Si lo traemos incesantemente a la memoria, si lo rumiamos, no haremos más que amplificarlo, convirtiéndonos en prisioneros del pasado. Pero si lo convertimos en un espectáculo, en una reflexión, en una relación, incluso en una carcajada, nos convertimos en una persona que da, y que de ese modo repara su lastimada estima propia. Tendré que comprobarlo, pero estoy casi seguro de que, entre los necesarios derechos del niño, hemos olvidado dar a los chiquillos el derecho de dar. Afortunadamente, los niños resilientes se

35 Excepto en los síndromes traumáticos en los que la herida sangra constantemente, como si acabara de producirse.

toman este derecho, y de este modo transforman el recuerdo de su trauma en herramienta relacional.

¿Por qué sienten tanto placer los niños de 4 años al dar a los adultos los dibujos que acaban de hacer? Por un lado, porque así establecen una relación afectiva, y por otro, por el hecho de hacerse amar y de hacer felices a quienes aman por medio de un objeto que emana de lo más profundo de sí mismos. Al dar, el niño se siente mayor, bueno, fuerte y generoso. Su propia estima, agrandada por el regalo, provoca un sentimiento de bienestar y confecciona uno de los nudos del vínculo. Casi todos los niños de la calle han descubierto este derecho a dar. Sería más justo decir que los niños que, más tarde, habrían de transformarse en resilientes fueron aquellos que, en el instante de mayor desesperación, se concedieron el derecho a dar. Con el dinero ganado mendigando, vigilando coches o con sus pequeños trapicheos, compraron alimento o medicinas para los más débiles de su grupo.[36] Muchos niños de la calle llevan algo de dinero a su madre aislada, ¡y hay algunos que incluso se pagan el colegio! Ser adulto, cuando uno tiene 8 años y hace esfuerzos para poder sobrevivir, da un asombroso sentimiento de fuerza tranquila, pese a que se trate de un desarrollo un tanto extraño para un niño.

No se puede hablar de trauma más que si se ha producido una agonía psíquica

En Occidente, uno de cada cuatro niños habrá conocido, antes de cumplir los 10 años, la terrible experiencia del desgarro traumático. Al final de su existencia, uno de cada dos

36 F. Cano, M. E. Colmenares, A. C. Delgado y M. E. Villalobos, *La resiliencia: Responsabilidad del sujeto y esperanza social*, Colombia, Rafue, 2002.

adultos habrá padecido esta ruptura y terminará su vida quebrado por el acontecimiento traumático..., o habiéndolo transformado.[37] Podemos plantear la hipótesis de que, en los países en los que la sociabilidad es menos estable, el número de heridos es aún más elevado.

En el siglo XIX, las transformaciones sociales, efervescentes debido a la cultura industrial, debieron provocar un gran número de traumas. Las zonas rurales, más estables, estructuraban mejor a sus habitantes. La inmigración procedente de las zonas interiores desarraigaba a personas de la Bretaña, del Morvan o de la Picardía, personas que, para sobrevivir, aceptaban acometer la aventura industrial pese al exorbitante coste humano. He conocido hombres que llegaron a la estación de Montparnasse con el dinero justo para aguantar 48 horas. No hablaban francés y apenas conocían los rituales. Algunos chiquillos se colaban en los pasadizos de las minas nada más cumplir los 12 años, y los pequeños deshollinadores de Saboya eran bajados mediante cuerdas al interior de las chimeneas, mientras que las niñas puestas a trabajar en el servicio doméstico eran a veces bien acogidas, pero, también a veces, bien atormentadas. Esta inmensa prueba no constituía una situación traumática si esos hombres y esos niños lograban conservar su dignidad y sentirse aceptados a cambio de mostrarse fuertes frente a las adversidades, y de aprender la lengua y las costumbres del «país» de acogida. Eran estructurados por grupos hospitalarios que inventaban rituales como el del baile del sábado por la noche y el del fútbol del domingo. Los relatos y las canciones populares que describían sus pruebas narraban la historia moral de un niño de buen fondo que dormía en la calle y era explotado por los ladrones, pero que finalmente alcan-

37 R. Fivush, «Children's recollections of traumatic and non traumatic events», en *Development and Psychopathology* 10, 1998, pp. 699-716.

zaba pese a todo la felicidad y se integraba en su grupo social. Los sufrimientos eran grandes, pero no se producía desgarro. Estos hombres y estas mujeres conservaban su personalidad en circunstancias muy duras, que, vertidas en relatos sociales, se convertían en historias edificantes.

Dado que hoy en día sabemos que nuestra identidad se halla estructurada por los relatos íntimos y culturales, sería interesante preguntarse cuáles son los acontecimientos que, guardados en la memoria, permiten construir nuestros relatos vitales. Tras una gran prueba, las modificaciones emocionales son la regla. Se experimenta un alivio, e incluso un cierto orgullo, cuando se logra superar la dificultad, mientras que después de un acontecimiento traumático lo habitual es la confusión. El embotamiento de nuestras representaciones hace que el mundo se vuelva incomprensible, porque la obnubilación nos fija en un detalle que significa la muerte inminente y que nos fascina a tal punto que llega a oscurecer el resto del mundo. En esa «agonía psíquica»,[38] no quedan más que algunas llamitas de existencia, unas llamitas que deberemos convertir en brasas de resiliencia.

La narración permite volver a coser los trozos de un yo desgarrado

Para iniciar un trabajo de resiliencia, debemos iluminar de nuevo el mundo y volver a conferirle coherencia. La herramienta que nos permite realizar este trabajo se llama «narración». Desde luego, no podemos contar una historia partiendo de la nada. Es preciso que hayamos sido sensibles a fragmentos de realidad, que los hayamos guardado en el

38 S. Ferenczi, «Confusión de lengua entre los adultos y el niño», en *Obras Completas*, tomo IV, Madrid, Espasa-Calpe, 1984, pp. 139-150.

recuerdo, y que los hayamos asociado y recompuesto mediante encadenamientos temporales lógicos. Este trabajo psíquico debe ir dirigido a alguien que nos afecte. Esto significa que en el más insignificante relato, cada personaje es coautor de la narración.

Los niños adoran deleitarse con los comienzos: «Érase una vez...» es un hermoso acontecimiento, una promesa de felicidad, un compromiso afectivo en el cual la persona que habla predice la existencia de unas aventuras verbales que compartirá con quien le escucha. Comenzamos a disfrutar cuando vemos el pastel, mucho antes de probarlo. El anuncio del placer es ya un placer. Sin embargo, los niños heridos no pueden decir: «Érase una vez...». Y ello porque compartir una desgracia es arrastrar a quienes amamos a nuestra propia pena: ¿cómo podría eso aliviarnos? Compartir una desgracia es sufrir por segunda vez, a menos que... A menos que tomar parte en la narración de un desastre no sea justamente compartirlo. Y es que la elección de las palabras, la disposición de los recuerdos, la búsqueda estética conllevan el dominio de las emociones y la reorganización de la imagen que uno tiene de lo que le sucedió.

«¿Habéis visto la película *La vida es bella*?», pregunta Rémy Puyelo. «El héroe vive con su hijo en un campo de concentración. Un soldado pregunta: "Hay alguien que comprenda el alemán". El héroe de la película, que no entiende una palabra de ese idioma, se ofrece a traducir. Sin embargo, la traducción que dirige a su hijo queda transformada en un juego: expone una narración antitraumática mediante una escisión».[39] El niño habría quedado alelado por el discurso incomprensible o aterrador del soldado, mientras que se

39 R. Puyelo, «L'odyssée psychanalytique», en A. Konichekis, J. Forest y R. Puyelo, *Narration et psychanalyse*, París, L'Harmattan, 1999, pp. 139 y 140.

ve protegido, e incluso dinamizado por el «juego de la traducción». Si su padre hubiera traducido lo real, habría transmitido el trauma, mientras que, al jugar a traducirlo, lo desbarata.

La palabra «escisión» designa bien un procedimiento narrativo que, sometido a una amenaza, divide el discurso en dos partes que apenas se reconocen la una en la otra. Una de esas partes es confusa; al igual que la parte agonizante del psiquismo, mientras que la otra, aún viva, se convierte en fuente de luz e incluso de alegría. Cuando el relato del trauma adopta esta forma se vuelve capaz de curar, ya que permite permanecer en el mundo de los humanos, conservar una pasarela verbal que nos una a los demás, y robustecer ese tenue hilo afectivo. El herido que habla de este modo se afirma y ocupa su lugar. A partir del instante en que emprende un trabajo de relato compartido, rompe la fascinación en que le tenía sumido la bestia inmunda que le hechizaba y le arrastraba hacia la muerte, y sopla sobre la brasa de resiliencia que constituye la parte aún viva de su persona.

De este modo podemos establecer una tipología de la narración traumática. Aquellos que, fascinados por el objeto que les amenaza, quedan prisioneros de él, se pasan el tiempo repitiendo el mismo relato y describiendo la misma imagen. Por el contrario, quienes expresan un relato escindido dan fe de haber puesto en marcha un proceso de resiliencia: «Si cuento la parte maltrecha de mí mismo, voy a arrastrar a la muerte a quienes amo. Me van a rechazar, o aún peor, van a abismarse conmigo. Entonces, para salvarme y preservarles, no voy a contar más que la parte soportable, aún viva en mí. Poco a poco, la pasarela intersubjetiva se irá construyendo. A fuerza de expresar con palabras lo que me ha sucedido, voy a iluminar lentamente la parte confusa de mi personalidad, y esta musculación verbal va a "aumentar mi narcisismo".[40] Poco a poco, voy a volver a estar completo».

Todos somos coautores del discurso íntimo de quienes han sido heridos en el alma. Cuando les mandamos callar, les dejamos agonizar en la parte dañada de su yo, pero cuando les escuchamos como si recibiésemos una revelación, corremos el riesgo de transformar su relato en mito. A fin de cuentas, estos supervivientes son unos resucitados. Debido a que han agonizado, han conocido la muerte y se han codeado con ella, evitándola. Nos impresionan como si se tratase de iniciados, y nos angustian como los aparecidos.

De hecho, ellos mismos confiesan haber regresado del infierno. Al venerarlos, al concederles sin discernimiento nuestra aprobación, entorpecemos la labor psíquica de su palabra, ya que su discurso se vuelve entonces un relato emblemático, artificial, anecdótico, que impide el pensamiento y se aproxima a los estereotipos que petrifican lo verdadero. Eso es lo que hoy observamos en el debilitamiento de palabras como «genocidio» o «crimen contra la humanidad». La expresión «es de una violencia extrema» (o el eslogan «CRS-SS»)[41] trivializa el trauma y hace callar al herido cuando lo que designa es un simple empujón. La aceptación pasiva de un relato traumático impide el trabajo intersubjetivo. El que ha sido lisiado por la vida comprende que el otro piensa que su trauma no es más que un simple alboroto, y entonces, ante la inmensidad del trabajo a realizar, baja los brazos y opta por callarse.

El que escucha al traumatizado también se encuentra incómodo, ya que no puede ni expresar la repugnancia que

40 G. Bonnet, «Narration et narcissisation», en A. Konichekis, J. Forest y R. Puyelo, *Narration et psychanalyse*, *op.cit.*, pp. 38-40.

41 El CRS, *Compagnie Républicaine de Sécurité*, es el cuerpo de la policía antidisturbios francesa, equiparado aquí a las SS, o *Schutzstaffel*, la organización de camisas negras dirigida por Himmler durante el régimen nazi. *(N. de los T.)*

le inspira la llaga ni histerizar su apetito de horror. Bosteza cuando el otro le relata su padecimiento, relativiza la atrocidad del crimen.

No hay más que una solución para sanar una situación traumática y apaciguar nuestro entorno: comprender. Inmediatamente después de un accidente, una simple presencia o el acto de hablar pueden resultar suficientes para proporcionar seguridad. Solo más tarde, el trabajo del relato dará coherencia al acontecimiento. Los niños que han logrado convertirse en adultos resilientes son aquellos a los que se ha brindado ayuda para dar sentido a sus heridas. El trabajo de resiliencia consiste en recordar los golpes para hacer con ellos una representación de imágenes, de acciones y de palabras con el fin de interpretar el desgarro.

La huella de lo real y la búsqueda de recuerdos

Contrariamente a lo que se piensa, los niños pequeños tienen recuerdos definidos de sus experiencias. Sin embargo, como es imposible acordarse de todo, solo conservan imágenes de lo que les ha impresionado. Para un niño parisino de 3 años, la guerra de Afganistán o la victoria del equipo de balonmano en el campeonato del mundo no se convertirán en recuerdos, mientras que la rutina consistente en rezar una oración antes de acostarse o en visitar todos los domingos a la abuela estabilizan su mundo mental y le hacen estar a la espera de la siguiente oración o visita. De tal modo que, el día en que la victoria de los jugadores de balonmano conmocione a los padres hasta el punto de hacerles olvidar la oración de la noche, será esa fractura en la rutina lo que cree el sentimiento de que se ha producido un acontecimiento, y será la emoción lo que permita conservar en la memoria esa noche precisa. La organización de la memoria de los niños de

3 años es igual de buena que la de los chavales de 10 o 12, pero las rutinas y los acontecimientos que descuellan no son los mismos. Un niño de 8 años refiere con precisión el recuerdo de su primer viaje en avión, realizado a la edad de 3 años, siempre que los padres hayan hecho del viaje una emoción estimulante. Incluso un niño de 2 años puede reconocer el juego al que ha jugado un año antes y que le hacía reír a grandes carcajadas. Los adultos olvidan hasta qué punto era fiable su memoria infantil. Desde luego, la memoria se vuelve esquemática con el tiempo, y, sobre todo, al ser sucesivamente revisada, pierde afectividad: uno se acuerda de la imagen del acontecimiento como de una historia relatada por un mimo, y va olvidando lentamente la emoción asociada que sin embargo había creado en nosotros la sensación de hallarnos ante un acontecimiento destacado.

Los niños traumatizados antes de la edad del habla, los maltratados o abandonados, han adquirido en todos los casos una alteración de la vida emocional: se sobresaltan al menor ruido, expresan su angustia ante la menor separación, se sienten asustados por todas las novedades y tratan de volverse glaciales para sufrir menos. Las modificaciones cerebrales, generadas por el trauma, impiden el control emocional y hacen que el niño quede confuso fácilmente. En esta fase de su desarrollo, todo acontecimiento emocionante provoca un caos sensorial que explica que el niño perciba de manera preferente todo aquello que, para él, evoca una agresión: hablar en voz alta o afirmarse de una forma un tanto excesiva. El niño se adapta a la visión del mundo que ha quedado impregnada en su memoria biológica y responde a ella. Reacciona de forma agresiva porque se ha convertido en alguien medroso, o bien huye con una especie de «sálvese quien pueda» hiperactivo.

La estrategia de resiliencia consistiría en aprender a expresar de otro modo la propia vida emocional. La acción coordinada y la expresión de su mundo íntimo por medio del comportamiento —ya sea a través de imágenes o de palabras— le llevan a recuperar el control de sus emociones.

La vida psíquica después de un trauma se verá por tanto saturada por los fragmentos de recuerdos con los que será preciso reconstruir nuestro pasado, pero también por una adquirida hipersensibilidad a un tipo de mundo que, en lo sucesivo, vertebrará los temas de nuestra vida. ¿Cuáles son los ladrillos extraídos de lo real con los que vamos a construir nuestro imaginario? ¿Cuáles son los acontecimientos con los que vamos a constituir nuestros recuerdos? ¿Cuáles son las palabras con las que vamos a tratar de recuperar un lugar en el mundo de los hombres?

Un niño agredido en la época preverbal no podrá por tanto realizar el mismo trabajo psíquico que un niño traumatizado en un momento en el que puede efectuar una remodelación lingüística. Cuando el desgarro sobreviene antes de la aparición de la palabra, lo que deberemos reparar para remendar al niño será el entorno. Por el contrario, si un niño resulta herido después de poseer la palabra, el trabajo deberá incidir sobre todo en la representación de lo que le ha pasado.

Cada recuerdo hace de nosotros un ser nuevo, ya que cada acontecimiento, elegido para constituir uno de los ladrillos de la memoria, modifica la representación que nos hacemos de nosotros mismos. Esta edificación es portadora de esperanza, porque los recuerdos evolucionan con el tiempo y con los relatos. Sin embargo, el mundo íntimo del traumatizado depende también del mundo íntimo de la persona a la que se confía, así como de la carga afectiva que el discurso social atribuya al acontecimiento traumatizante. Esto significa que la forma en que todo el mundo hable del acontecimiento traumático participará en el trauma, curándolo o ulcerándolo. Absolutamente todo el mundo. Una mujer me hablaba de lo mortificada que se había sentido al oír que su vecino decía riendo en el autobús: «Es imposible violar a una mujer porque se corre más rápido con las faldas levantadas que con el pantalón bajado». ¿Significaba este chiste que la gente sonreiría si contaba la historia de su violación? No le quedaba más remedio que callarse.

Toda palabra trata de iluminar una porción de lo real. Pero, al hacerlo, transforma el acontecimiento, ya que su objetivo es esclarecer algo que, sin ella, permanecería en la esfera de lo confuso, o de la percepción sin representación. Decir lo que ha sucedido es ya interpretarlo, atribuir un significado a un mundo conmocionado, a un desorden que no se comprende bien y al que ya no somos capaces de responder. Es preciso hablar para restaurar el orden, pero al hablar se interpreta el acontecimiento, cosa que puede orientarlo en mil direcciones diferentes.

A unos recuerdos en imágenes de asombrosa precisión, pero rodeados por la bruma se añade otra fuente de la memoria: la de los escenarios de los recuerdos que la palabra induce. Los recuerdos en imágenes de nuestros hijos aparecen antes incluso de que sean capaces de hablar. Tienen una precisión superior a la de los recuerdos de los adultos, pero expresan el punto de vista del niño. Pese a que todos observamos el mundo desde el punto en el que nos situamos, no todos percibimos las mismas imágenes, y sin embargo, todas son ciertas. Estos esquemas quedan grabados en la memoria del niño, pero cuando comparte el relato con un adulto, la emoción asociada a la representación depende del modo en que hable de ello con dicho adulto.[42]

Juguemos a los «piratas» con dos grupos de niños de 5 años. Por decisión experimental, en el juego con uno de los

42 D. Cicchetti y B. Nurcombe (comps.), *Risk, Trauma and Memory. Development and Psychopathology* 10(4), 1998, Cambridge, Cambridge University Press.

grupos no damos más que explicaciones frías: «Vamos a ponernos detrás del sillón», «vamos a levantar la mano que sostiene el sable», «vamos a abrir esta caja». Con el otro grupo, por el contrario, los comentarios estarán cargados de emoción: «Cojo mi pesada espada», «ataco a los malvados piratas», «¿qué veo? Un cofre misterioso», «¡Hala, qué piedras preciosas tan magníficas! ¡Qué colores tan bonitos..., el color del oro..., el rojo de los rubíes..., el verde de las esmeraldas...!». Varios meses más tarde, nos reunimos otra vez con los dos grupos de niños y les pedimos que vuelvan a representar la escena que inventamos la primera vez: solo el grupo que se vio inmerso en un discurso cargado de emoción fue capaz de recuperar un gran número de recuerdos, mientras que aquel al que simplemente le explicamos el juego no recuperó más que algunos esquemas de comportamiento.[43]

En ambos casos, los recuerdos están ahí, pero la forma en que se viven es diferente. En lo sucesivo, los recuerdos de este juego van a constituir un ladrillo de la identidad de cada niño, pero serán distintos en función de la forma en que hable de ellos el entorno. Este almacenamiento de los recuerdos explica probablemente por qué hay traumas que constituyen recuerdos luminosos para algunos, mientras que otros traumas permanecen brumosos.

Cuando el recuerdo de una imagen es nítido, la forma en que se habla de él depende del entorno

Si el recuerdo del trauma es nítido, es que el acontecimiento ha sido un acontecimiento que ha descollado y que el

43 M. E. Pipe, J. Dean, J. Canning y T. Murachuer, «Narrating events and telling stories», en *Conference on Memory*, Abano, julio de 1996.

entorno habló de él con claridad. Cuando un golpe provoca la fractura de la que hablaba Freud, el mundo íntimo queda conmocionado hasta el punto de perder sus referencias. La repatriación de medio millón de soldados estadounidenses procedentes de Vietnam tuvo muy mal desenlace. No solo la guerra había constituido una inmensa prueba, sino que, además, los combates no tenían el menor sentido para la mayoría de estos hombres jóvenes que se preguntaban qué estaban haciendo allí. Tras la toma de Saigón por el Vietcong, la retirada fue desordenada, repleta de gritos, de insultos y de injusticias. Pero, sobre todo, el regreso constituyó una prueba añadida para estos hombres exhaustos que habían conocido un horror sin sentido. Se sintieron abandonados por el país que creían defender. Los «veteranos» no fueron acogidos como héroes. Por el contrario, tuvieron que padecer una serie de relatos acusadores que los pintaban como vergonzosos criminales. Se daban todas las circunstancias para que la imagen de los acontecimientos grabados en su memoria se convirtiese en un trauma. «Según las estadísticas oficiales, el número de muertes violentas (suicidios y homicidios) entre los veteranos estadounidenses fue más elevado que el registrado durante el conflicto».[44]

Cuando el trauma es crónico, el acontecimiento destaca menos porque queda embotado por lo cotidiano. Y cuando el agredido, para sentirse mejor, tiene necesidad de reparar la imagen de agresor a la que se encuentra vinculado, su memoria cambia de connotación afectiva. Muchos niños maltratados conservan una hipermemoria de ciertas escenas de violencia, pero otros sostienen que nunca fueron maltratados, dejando estupefactos a los testigos.

No pasaba un solo día sin que Sylvain recibiese una paliza. Su madrastra gastaba mucho dinero en sacudidores,

44 A. Houbbalah, *Destin du traumatisme*, París, Hachette, 1998, p. 191.

cinturones y escobas, todos ellos rotos a base de golpes en la cabeza del niño. Cuando le daba puñetazos, se hacía mucho daño en la mano, así que no tenía más remedio que comprar estos instrumentos. El pequeño huérfano sentía que estaba de más en esa familia. Le hacían ver que costaba caro alimentarle, que su catre ocupaba demasiado sitio en el armario en el que dormía rodeado por las ropas colgadas, que no había fregado lo suficientemente bien, ni limpiado la cocina, rellenado los formularios administrativos, o prodigado sus cuidados a las dos chicas de esa familia de acogida. En todos estos casos, la madrastra no tenía más remedio que coger un cinturón para «hacer comprender» las cosas a este niño de 10 años. Cuando las chicas crecieron, los padres las llevaban de vacaciones y dejaban fuera a Sylvain, en el rellano de la escalera. Los vecinos intervinieron, y, con 14 años, Sylvain fue confiado a una institución en la que fue muy feliz. Recuperó su retraso escolar, aprendió el oficio de ebanista, y se casó con una vecina con la que tuvo dos hijos. Y este hombre joven deja pasmada a su mujer al afirmar que su familia de acogida fue muy amable al tenerle tanto tiempo con ellos. Las zurras eran sistemáticas, se producían todos los días, y recibía sin razón una bofetada, o un escobazo, por un plato mal puesto, una fuente de tallarines mal cocidos o una bañera insuficientemente restregada. La paliza comenzaba sin mediar palabra ni amenaza, sin justificación ni comentario. La amabilidad de Sylvain, su inclinación hacia los demás, le convirtieron en un joven resiliente cuyas defensas de protección le conducían todas ellas a rescindir también todo contrato mental con el trauma pasado. «No tengo cuentas que saldar», decía a su estupefacta mujer, que veía cómo el antiguo niño maltratado rodeaba de atenciones a su brutal madrastra.

La huella de lo real en el cerebro, el residuo mnésico, se ve incesantemente reconfigurado por lo que representan los recuerdos: una mirada sobre uno mismo. A partir de la edad de 18 meses, el desarrollo del sistema nervioso nos capacita para tener un recuerdo preverbal, la representación de una imagen.

Una niña de 2 años y tres meses había cambiado con frecuencia de comportamiento. De natural vivaracha y sonriente, se había vuelto estática, grave, casi inerte. No había posibilidad de relato a esa edad, y tampoco podía dibujar. Únicamente el brutal cambio de comportamiento daba testimonio de una inquietante metamorfosis. A la edad de 6 años, hizo un dibujo muy explícito en el que escribió: «Abuelo». Lentamente incitada a expresarse, la niña describió con palabras lo que había sucedido.[45] La confesión del abuelo explicó, cuatro años después, la asombrosa metamorfosis del comportamiento y confirmado que un nítido recuerdo en imágenes puede instaurarse antes del control de la palabra.

Sin embargo, esta memoria traumática tiene un carácter particular: ilumina al agresor, con todo detalle, pero deja en penumbra el entorno. Aunque hoy podemos afirmar que la memoria autobiográfica de los niños es mucho más fiable de lo que creíamos, hay que añadir que la forma en que los niños agredidos expresan sus recuerdos en imágenes depende en gran medida de la forma en que los adultos les hagan hablar.

Myrna tenía 4 años cuando vivía en Beirut durante la guerra del Líbano. Tras adquirir confianza mediante juegos que no guardaban relación con la agresión, dijo un día: «Vi la punta del fusil», «vi la piedra rota por el ruido», «me hizo sangrar mucho», «fue el señor de la barba el que hizo el ruido»... La elección de las palabras infantiles no impidió expresar con precisión los recuerdos de unas imágenes..., pero la condición estriba en que el adulto los deje aflorar.

45 R. Fivush, «Developmental perspectives on autobiographical recall», en G. S. Goodman y B. L. Bottoms (comp.), *Child Victims, Child Witnesses*, Nueva York, Guilford, 1993, pp. 1-24.

Muchos adultos viven en un mundo tan adulto que han olvidado cómo hablan los niños. Entonces, orientan la conversación y plantean preguntas de adulto, unas preguntas en las que las referencias de la memoria tienen esencialmente un carácter social: «¿Eso era en la calle Djallil o en la calle de Abukir?». El niño queda sorprendido, porque las referencias no tienen sentido para él. Puede que responda: «Djallil». Y el adulto concluirá que el niño está diciendo tonterías porque la calle Djallil no existe. De hecho, es el adulto quien ha inducido una respuesta errónea al arrastrar al niño a un mundo de referencias claras para los adultos, pero brumosas para un niño.

Hace un momento, la experiencia del juego de los «piratas» nos había permitido proponer la idea de que la verbalización determina una parte de la memoria. No son solo las palabras de los adultos las que fijan ciertas imágenes en la memoria de los niños, todos los prejuicios culturales hacen lo mismo. Nuestros estereotipos, mil veces repetidos, estructuran el entorno verbal de un niño y participan en la constitución de los recuerdos más sinceros. En Estados Unidos, prácticamente todos los niños secuestrados sostienen que fue un «negro» el que los secuestró. Sin embargo, cuando se da con el secuestrador se descubre con frecuencia que se trata de un blanco. En Francia, las mujeres sexualmente agredidas sostienen a menudo que su agresor era un árabe. Y cuando se da con el agresor, se comprende que no es esta una cuestión tan sistemática como pretende la reacción verbal espontánea.

El pequeño Bernard tenía un recuerdo muy nítido de su evasión en 1944, durante su traslado a Drancy: una ambulancia a cierta distancia de la hilera de soldados alemanes, los últimos momentos del embarque en unos vagones precintados, una carrera entre los soldados y los milicianos franceses que dejaban que se desorganizase el cordón militar que conducía hasta el tren, una enfermera que le hace señas, su zambullida en la ambulancia, debajo del colchón, una señora que se moría sobre ese mismo colchón, un oficial alemán que da la señal de partir... Durante toda su vida Bernard conservó en su interior el recuerdo en imágenes de esa enfermera joven, de elegante uniforme, guapa y rubia. Sesenta años más tarde, las casualidades de la vida permitieron que Bernard volviese a ver a esa señora, que entonces contaba ya 84 años. Seguía siendo vivaracha y guapa. Sus recuerdos coincidían en un gran número de imágenes, pero no del todo. No era una ambulancia, sino una camioneta. El oficial alemán no había dado la señal de partir, incluso, al contrario, había estado a punto de hacer fracasar la evasión. Y cuando Bernard se extrañó por el hecho de que la señora Descoubes se hubiera oscurecido el cabello, la anciana señora no respondió, se levantó y volvió con una foto: «Tenía 24 años», dijo. Y Bernard vio a una enfermera joven, guapa, de elegante uniforme y con el cabello negro como el plumaje de un cuervo.

Fueron probablemente los estereotipos culturales de la época los que añadieron retoques a unos recuerdos por lo demás muy nítidos. Cuando una enfermera invita a alguien a ocultarse en un vehículo, se trata lógicamente de una ambulancia. Cuando un oficial da la señal de partir que nos permite salvar la vida, el gesto nos proporciona la prueba de que siempre queda un poco de bondad incluso en las personas más pérfidas. Y cuando una mujer es guapa en una cultura en la que las películas estadounidenses ponen hadas de cabellos de platino sobre el escenario, solo puede ser rubia.

Hoy, la experimentación y los datos clínicos permiten comprender mejor cómo se constituye un recuerdo traumático. Antes de la imagen y la palabra, durante los primeros meses, un desgarro sensorial impregna en la memoria una sensibilidad preferente, una huella sin recuerdos. Pero muy pronto, hay ya imágenes nítidas que, rodeadas de bruma, constituyen el núcleo duro del recuerdo traumático. Por último, la palabra retoca esas imágenes con el fin de permitir que las compartamos, que las podamos difundir en sociedad. Las palabras de los adultos que rodean al niño sugieren algunas variantes interpretativas, y los relatos sociales, los estereotipos que estructuran nuestros discursos, modifican los recuerdos en imágenes con el fin de volverlos coherentes. La palabra del niño es precisa, pero la palabra que se le dirige puede modificarla. Hasta es frecuente que los adultos «empujen al niño a inventar, o a asentir a lo que "suena a verdad", en detrimento incluso de su palabra».[46]

Esta es la razón de que las alegaciones de incesto que surgen durante las demandas de divorcio alteren gravemente el psiquismo del niño. No es fácil establecer una valoración, pero sea cual sea la cifra, es considerable. En un 25 % de los divorcios, las madres afirman que el padre tuvo relaciones incestuosas con los niños cuya custodia quieren obtener.[47] Incluso en los casos en que la acusación no es tan clara, la simple alusión conserva un poder destructor. En el 50 % de los divorcios, cuando una madre sugiere que tal vez hayan pasado cosas raras entre su hijo y su marido, la investigación policial se ve obligada a plantear preguntas en ocasiones obscenas para obtener respuestas claras.[48] Semejante inducción cambia los recuerdos y los comportamientos del niño, y altera incluso el afecto que siente hacia su padre, que en lo sucesivo será contemplado con temor o repugnancia.

46 J.-L. Viaux, «Expertise d'enfant, parole de victime, fonction du juridique», en M. Gabel, S. Lebovici, P. Mazet y J.-L. Viaux, *Le traumatisme de l'inceste*, París, PUF, 1995, p. 168.
47 P. Bensussan, «Témoignage négligé, allégation abusive: même combat !», en 15ème Congres Mondial de Sexologie, 2001.
48 M.-D. Vergez y M. de Maximy, «Regards juridiques croisés dans un cas d'allégation d'abus sexuel», en M. Manciaux y D. Girodet, *Allégation d'abus sexuels: Paroles d'enfant, paroles d'adultes*, París, Fleurus, 1999, pp. 129-143.

Es necesario proteger a los niños de las auténticas agresiones. Pero también es necesario protegerles de las alusiones. Los recuerdos en imágenes de los niños pequeños son fiables, pero la palabra de los adultos puede modificar su expresión,[49] ya que, cuanto más crece el niño, más se aproxima al mundo de palabras de los adultos y él mismo, más tarde, podrá utilizar a su vez la falsa alegación.

El colegio revela la idea que se forma de la infancia una cultura

Por consiguiente, el niño deberá afrontar la primera gran prueba social de su vida, el colegio, con un capital histórico ya bien constituido. El primer día de colegio, su temperamento se encuentra ya moldeado por el vínculo precoz que le ha enseñado a preferir determinadas respuestas emocionales y de comportamiento. A esta memoria particular se añaden muy pronto los recuerdos en imágenes, como una película muda. Los discursos de los padres, sus prejuicios, sus carcajadas, sus aplausos o sus amenazas añaden otro tipo de memoria semantizada. Y con este capital psíquico procedente de sus allegados e impregnado en su memoria hará el niño su primera entrada en el colegio. Por primera vez en su vida, comienza a escapar al modelado de los padres para recibir el del colegio, que configura a los niños mucho más de lo que creemos.

La historia entera de la educación no es en realidad más que la crónica de las ideas que una cultura tiene de la infancia. En la Grecia antigua, el colegio servía fundamentalmente para el moldeado de los gestos que permitían el reconocimiento de clase. El colegio romano enseñaba sobre

49 P. Parseval y G. Delaisi de Parseval, «Les pères qui divorcent seraient-ils tous des abuseurs sexuels?», en *Journal du droit des jeunes*, junio de 2000.

todo retórica. Los problemas sexuales se debatían abundantemente. Una mujer violada podía hacer que su violador fuera condenado a dos penas muy graves: morir o casarse con ella. «Sabiendo que un hombre puede violar a dos mujeres en una misma noche, habría que ver cómo razona el juez si una le condena a muerte y la otra al matrimonio».[50]

La elegancia del gesto y el manejo del verbo ya desempeñaban la función de enseñar a los niños los signos de la distinción social. La gente se reconocía en el fulgor de un gesto de la mano o del giro de una frase. A partir de ese momento ya era posible repartirse las tareas y los beneficios. A continuación, ya no quedaba más que aprender el propio oficio. Se descubría una mitología en la que no se creía, pero lo que constituía las referencias de pertenencia vigentes entre las personas de buena educación era el recitado de las tragedias y de las estructuras de parentesco de los héroes del monte Parnaso.

Hasta el siglo XX, la mano estaba asociada a la lengua en los gestos de elocuencia que estructuraban a los grupos sociales. El carácter mixto de los colegios no impedía la división de la instrucción por sexos. Las chicas sobresalían en los lazos de solidaridad y los chicos en el aprendizaje de los rituales de civilidad. Arnolphe, en *L'École des femmes*, quiere que Agnès, la pupila con la que quiere casarse, como era frecuente en el siglo XVII, estudie las «máximas del matrimonio». En esta época, el colegio servía sobre todo para enseñar el conformismo. Iba a adornar las personalidades de manera que la sociedad quedase categorizada en almas bellas y en espíritus rústicos.

Pensar en el niño de un modo diferente es un excelente indicador de un cambio de cultura. Cuando los niños son

50 P. Ariès y G. Duby, *Histoire de la vie privée*, tomo 3, París, Le Seuil, 1985, p. 319 [trad. cast.: *Historia de la vida privada*, Barcelona, Círculo de Lectores, 1999].

educados por clanes de aldeanos, la noción de filiación no es demasiado importante, ya que el niño pertenece al grupo. Sin embargo, cuando, en el Renacimiento, las ciudades italianas adquieren desarrollo, el hogar parental se adapta a este nuevo urbanismo: la mujer en casa, el hombre en la sociedad y el niño con el ama de cría (cuando el padre puede pagarla). Esta personalización del niño ha iluminado la importancia de su afectividad. Algunos querían respetarla, como el filósofo Locke en el siglo XVII. Muchos la combatían, porque pensaban que la afectividad rebajaba al hombre. Los médicos destacaban que, al dejar de vestir los niños la toga, al llegar a la edad de 7 años, para pasar a llevar calzas, empezaban a despreciar a sus padres. Y el buen doctor Jacques Duval militaba contra «ese amor de simios» que consistía en apretar al niño contra uno mismo, hasta el punto de sofocarle.[51]

Esta es la época en que el colegio deja de ser alegre para convertirse en una sombría imposición de espacios, posturas y conocimientos inútiles. Los castigos físicos no se consideraban violentos, ya que eran educativos, incluso morales. Las tundas, las azotainas, las palizas, respondían al estereotipo cultural: «Hay que meter en cintura a los muchachos para que se conviertan en hombres». Se enseñaba a los niños a soportar la brutalidad de los adultos. Y, sin embargo, se desarrollaban duraderos lazos de amistad en estos niños educados en tan negra pedagogía.[52] Durante los varios minutos en los que escapaban a los maestros, durante los recreos, a la salida del colegio o en los aseos, los niños se hablaban, tejían vínculos y se influenciaban mutuamente, participando de este modo en una educación que tenía éxito a pesar de los educadores.

Uno de los fenómenos más importantes del siglo XX es la expansión del colegio. En la época de Jules Ferry, los niños

51 *Ibid.*, p. 323.

52 A. Miller, *Por tu propio bien: Raíces de la violencia en la educación del niño*, Barcelona, Tusquets, 1998.

empezaban a ir al colegio hacia los 7 años, y la mayoría lo dejaba hacia los 12. En este principio del siglo XXI, casi todos los niños de 3 años están ya escolarizados. ¡Y no abandonarán el entorno educativo más que a una edad comprendida entre los 25 y los 30 años! En la época en que los aprendizajes son más rápidos, se pasa un tercio de la existencia como estudiante. ¿Cómo podría esto no tener influencia?

Las presiones que moldean a nuestros niños cambian de forma cada vez que cambia la cultura. En una cultura que descubre la importancia del afecto, los padres también desean vivir una aventura personal. Entonces, durante las horas aún disponibles, acentúan al máximo las marcas de afecto. La educación parental, que ya no considera que el adiestramiento sea un método moral, transfiere la autoridad al colegio y al Estado. Sin embargo, los vínculos que con mayor facilidad se tejen en estas instituciones puramente operativas, centradas en la función más que en la relación, son unos vínculos de carácter no protector.

El desarrollo de las tecnologías exige una manipulación correcta de los conocimientos abstractos. Hace solamente dos generaciones, un niño que fracasaba en el colegio conservaba su dignidad y obtenía su parte de felicidad convirtiéndose en obrero o campesino. Desde hace varios años, quien no tenga diploma corre el riesgo de ser expulsado de la sociedad y verse humillado.

El día de su primera asistencia al colegio, el niño ya ha adquirido un estilo afectivo y aprendido los prejuicios de sus padres

La socialización afectiva se caracteriza por un arte de la relación, por una forma de expresarse y de tejer el propio vínculo que cada vez se encuentra menos codificada por los rituales culturales. Ahora bien, un niño que haya adquirido el estilo relacional de un vínculo de carácter protector se beneficiará durante toda su vida de ese aprendizaje,[53] mientras que un niño que, a causa de sus dificultades individuales, familiares o sociales, haya empezado su vida con mal pie, se beneficia menos del apuntalamiento de los códigos sociales: «Dile "buenos días" a la señora, y quítate la gorra». Desde luego, esta práctica no es más que una convención anticuada, pero socializa mejor que un gruñido repulsivo emitido por un niño que se siente rechazado porque no le han enseñado a dar los buenos días.

En dos generaciones, hemos puesto patas arriba la condición humana. El 80 % de todos los descubrimientos técnicos y científicos realizados desde el origen del hombre se ha efectuado en estos últimos cincuenta años. Esta victoria del conocimiento abstracto ha creado un mundo virtual, un planeta nuevo al que hemos traído nuestros niños sin saber cómo iban a desarrollarse en él.

El vínculo, la función y el sentido (amar, trabajar y estructurar la propia historia), las tres condiciones de una vida humana, acaban de cambiar de significado. El vínculo cada vez se teje más en el exterior de la familia o del clan aldeano. Se aprende a amar en unas instituciones frías en las que la idolatría del rendimiento contradice el piadoso discurso igualitario: «Él ha estudiado en la prestigiosa Escuela nacional de la administración…, ella es campeona de los 400 metros vallas…, todos somos iguales…».

Yo he vivido la época en la que uno se socializaba en función del cuerpo. Un hombre debía ser fuerte y no lamentarse nunca. Una mujer debía ocuparse de su hogar. Hoy, no son ya las espaldas de los hombres ni el vientre de las muje-

53 B. Pierrehumbert, curso para la obtención del diploma universitario: «Attachement et systèmes familiaux», Universidad de Toulon, noviembre de 2001.

res lo que determina la socialización, es el diploma. Este es el nuevo contexto en el que tendrán que repararse los niños heridos. El colegio deberá seguir siendo un factor de resiliencia en una cultura bulímica y de alto rendimiento.

No es posible separar el colegio de la familia. Los niños que mejor se integran en el colegio son aquellos que han adquirido en su familia un vínculo protector. En cambio, el éxito o el fracaso en el colegio modifican el ambiente de la casa y la orientación de la trayectoria social. Desde luego, el colegio no es una institución angelical, tiene incluso una fuerte huella sexual.

¿Conoce usted a algún niño que diga: «Voy al colegio para aprender las lecciones»? Las respuestas son claras: el 60 % de las niñas dice: «Voy al colegio por mamá y papá». Mientras que, en el 70 % de los casos, los chicos afirman: «Voy al colegio por los compañeros». Cuando se las invita a explayarse, las chicas añaden: «También voy por la maestra». En general, los niños van al colegio por razones relacionales o afectivas. Las chicas, para complacer a los adultos, y los chicos para reunirse con sus compañeros y compartir con ellos algunas actividades. ¡Solo el 1 % de las chicas y los chicos van al colegio para aprender! El fracaso también tiene una distribución sexual. Las chicas se adaptan a la insuficiencia «haciéndose los bebés» para conseguir que se ocupen de ellas, mientras que los chicos tienen tendencia a reparar su estima herida mediante conductas antisociales o actos agresivos. Esto no impide que la fratría, los compañeros, el barrio, e incluso la personalidad del docente, hayan podido modificar a su vez las trayectorias familiares y sociales del alumno.[54]

54 A. F. Newcomb, W. M. Bukowski y L. Patte, «Children's peer relations: A meta-analytic review of popular, rejected, neglected, controversial, and average sociometric status», en *Psychological Bulletin* 113(1), 1993, pp. 99-128.

Lo fragmentamos para analizarlo mejor, pero, en sí mismo, lo real es un continuo. Solo al integrar la familia, el colegio, el sexo y lo social podremos comprender cómo esta institución puede producir un efecto de resiliencia. La teoría que sostiene que el colegio es la principal herramienta de la reproducción social viene comprobándose desde la Antigua Grecia. Este instrumento puede funcionar eficazmente incluso en el caso de que no transmita ningún conocimiento útil. Ahora bien, es en los márgenes donde encontramos las ideas imprevistas que permiten analizar el proceso de la resiliencia.

Cuando se observa el devenir a largo plazo de los hijos de los enfermos mentales, de los alcohólicos, de los criminales o de los agresores sexuales, se descubre que, veinte años más tarde, el 25 % de los niños padecen depresión —cuando el problema afecta únicamente a uno de los padres—, y que este porcentaje se eleva hasta el 75 % cuando los dos padres están alterados.[55] Es una cifra infinitamente superior a la de la población general, pero esta observación nos permite comprender que casi todos los que han logrado superar esta desventaja afectiva y social encontraron un segundo círculo de personas próximas, de tíos, primos o vecinos, que estuvieron dispuestos a servir como tutores sustitutos.

Algunas familias bastión resisten a la desesperación cultural

En las sociedades destruidas por la guerra, el derrumbe económico y la pérdida de los rituales culturales, la mayoría de los niños encuentra dificultades para desarrollarse, excepto

55 V. Lew y M. Boily, *Les Risques psychosociaux chez les enfants de personnes atteintes de maladie mentale*, Boucherville, Quebec, Gaétan Morin Éditeur, 1999, p. 556.

aquellos que viven en unos hogares provistos de una estructura característica. Incluso en un contexto de gran miseria es posible descubrir niños que trabajan bien en el colegio y que obtienen un diploma que les permite salir adelante. En casi todos los casos, se encuentra un medio familiar muy estructurado: los gestos de afecto, las prácticas domésticas, los rituales religiosos o laicos, y los roles parentales son claros. Se charla mucho, las personas se tocan con los gestos y con las palabras, se comparte el cuidado del hogar, se reza, se cuentan relatos para dar sentido a lo que nos ocurre, y los padres asociados tienen roles diferenciados.[56] Este tipo de familias escapa a los efectos sociales de su entorno desmantelado. Son familias que creen en un espacio de libertad íntima:[57]

«Siempre es posible salir adelante, mira a tu hermano mayor, que acaba de venir de Italia, que durante tres meses ha tenido que dormir a la intemperie, y que hoy dirige una empresa». Esta creencia de la familia en un «control interno» crea el equivalente de un vínculo protector, una fuerza íntima que permite que el niño escape a los estereotipos de su grupo social.

El hogar de los Charpak es el ejemplo tipo de estas «familias bastión», pobres pero dinamizadoras y capaces de brindar seguridad: «Mis padres tenían, creo yo, una cierta distinción natural. Sin embargo, se trataba de algo frecuente en la clase obrera, una clase en la que los padres ponían su pundonor en el hecho de tener hijos educados, serviciales y corteses, unos hijos que les respetaran. El respeto debido a nuestros padres caía por su propio peso y nos daba un fortísimo sentimiento de seguridad, porque sabíamos con toda

56 J. Lecamus, *Le vrai rôle du père*, París, Odile Jacob, 2001.

57 M. Ravoisin, J.-P. Pourtois y H. Desmet, «Les enfants d'ouvrier à Polytechnique», en J.-P. Pourtois y H. Desmet, *Relations familiales et résilience*, París, L'Harmattan, 2000, pp. 173-195.

certeza dónde se hallaban los límites que no había que rebasar».[58] Los Charpak, inmigrantes judíos venidos de Ucrania, se instalan en París. Son cuatro y viven en una habitación de servicio de 15 metros cuadrados. La madre trabaja en la casa y cose prácticamente toda la noche en una antigua máquina Singer. Los niños duermen sobre un colchón colocado directamente sobre el suelo. El padre se levanta muy temprano para realizar repartos en un carrito. Sin embargo, toda la familia vive en «la convicción de que un día, a fuerza de trabajo, llegarían unas mejores condiciones». En esta familia pobre, lo importante es «permitir a los niños una escolarización ininterrumpida». Unos años más tarde, pese a haber sido deportado a Dachau, Georges aprueba el examen de acceso a la Escuela de minas y emprende una carrera de físico que se ve coronada en 1992 por el premio Nobel para Francia.

Es posible describir a estas familias pobres que, a pesar del desgarro de la emigración, integran a sus hijos, desde la primera generación, y los «llevan hasta la Politécnica».[59] La práctica totalidad de estas familias son «funcionalistas», lo que quiere decir que cada elemento del sistema familiar se adapta a los demás con el fin de realizar un proyecto conjunto. No se trata de un sacrificio, sino más bien de una consagración, ya que la renuncia de cada miembro a un pequeño placer inmediato aporta mucha felicidad al conjunto al permitir la realización de los sueños del grupo familiar. Los padres son autoritarios, las madres trabajan y, a pesar de su gran pobreza, los niños viven con una connotación heroica el coraje de sus padres.

Este tipo de familias funcionan y se organizan en torno al don. Todos saben lo que el otro da: el trabajo, el tiempo, el

58 G. Charpak y D. Saudinos, *La vie à fil tendu*, París, Odile Jacob, 1993, p. 36.

59 P. Nimal, W. Lahaye y J.-P. Pourtois, *Trajectoires familiales d'insertion sociale*, Bruselas, De Boeck, 2001.

afecto y los regalos. Incluso los niños participan en las labores domésticas. A veces ganan un poco de dinero, del cual dan una parte a sus padres. Atribuyen al éxito escolar el poder mágico de reparar la situación traumática de sus padres: «Vale, habéis sufrido al tener que desarraigaros de vuestro país de origen y al veros obligados a trabajar dieciocho horas al día, pero vuestros padecimientos valían la pena porque gracias a vosotros tendré una vida maravillosa». Esta obligación de triunfar es una felicidad que camina sobre el filo de la navaja, es un estimulante que roza la angustia, porque, en caso de fracaso, la desgracia será doble.

Amin vendía camisas en el mercadillo de Argenteuil. El domingo a primera hora de la mañana, cuando el tiempo era suave, era muy agradable montar el tenderete a orillas del Sena, cerca del puente que con tanta frecuencia pintara Claude Monet. Sin embargo, Amin me fastidiaba porque, siendo estudiante de medicina como yo, me dirigía la palabra chillando de un puesto a otro. Estando en el mercadillo, me preguntaba cómo me había ido en el examen de anatomía, pero en la facultad de medicina, como todo buen comerciante, se desesperaba por sus resultados. No me gustaba esa forma de distanciarse del entorno social que nos rodeaba en cada momento, pese a que comprendía que para él constituía un procedimiento de identificación. Antes de Mayo del 68, los grandes popes de la facultad de medicina se comportaban como aristócratas de la titulación, como príncipes del intelecto que volaban muy por encima del vil populacho. Un lunes por la mañana, el profesor Daub interrogó a mi compañero del mercadillo ante un plantel de doscientos estudiantes que pasaban olímpicamente de su clase. El domingo había sido realmente duro, gélido, húmedo y ventoso, y mi compañero del mercadillo no había encontrado fuerzas para preparar su lección de medicina. El profesor, irritado por su mediocridad, le preguntó: «¿Qué hacen sus padres?». «—Mi padre ha muerto, y mi madre es interina». Indignación virtuosa del príncipe profesor que inicia inmediatamente una lección de moral ante unos estudiantes que por fin demuestran interés. Le explica a mi compañero del mercadillo que se comporta como un rufián al hacer trabajar a su pobre madre y que, para ayudarla mejor, debería abandonar sus estudios. Hoy, mi compañero es radiólogo y su madre se siente feliz por haber dado tanto. Sus esfuerzos han adquirido sentido, y mi compañero del mercadillo le ha dado ocasión de sentirse orgullosa.

«Quienes no saben dar no saben lo que se pierden»,[60] pero un regalo solo tiene valor por lo que significa. Puede transmitir una intención de humillar, la voluntad de obligar al otro a sentirse en deuda, y también la necesidad de que nos perdonen algo, o el deseo de hacer feliz al otro. Con todo, la pequeña representación del regalo, surgida del fondo de uno mismo, adquiere sentidos diferentes en función del contexto social en el que se exprese.

Cuando los niños de la calle resisten a las agresiones culturales

La Organización Mundial de la Salud y la Unicef estiman en más de cien millones el número de niños que viven hoy en la calle. En general, se trata de varones, con edades comprendidas entre los 6 y los 17 años, con una educación deficitaria, y procedentes de familias numerosas en las que el padre ha desaparecido.[61]

Y sin embargo, es preciso distinguir, en el seno de esta enorme población, un pequeño grupo de niños de la calle

60 C. Enjolet, *Princesse d'ailleurs*, París, Phébus, 1997.

61 C. G. Banaag, *Resiliency: Stories found in Philippine Streets*, *op. cit.*

que pertenecen a un tipo de familia cuya estructura afectiva y cuyos comportamientos ritualizados recuerdan vivamente al de «esas familias de obreros que llevan a sus hijos hasta la Politécnica». Plenamente inmersos en una increíble miseria, el padre y la madre, fuertemente asociados, se reparten las tareas y estructuran los días mediante pequeños rituales de higiene, de religión y de ingenuos festejos que se impregnan en la memoria de los niños y vertebran su personalización. A partir de la edad de 7 años, y a veces incluso un poco antes, estos niños son enviados a la calle para vender objetos menudos. Mendigan, «vigilan» los coches, hurgan en los montones de basura o traman sus pequeñas raterías, pero siempre saben que pueden volver a casa y dar a sus padres la mayor parte del dinero, un dinero que servirá para pagar la comida, la ropa y los cursos de recuperación escolar que imparten las organizaciones no gubernamentales.

En el seno de este tipo de familias es donde se encuentra el mayor número de niños resilientes. Sucios, con frecuencia retrasados, aprenden un oficio, fundan una familia y vuelan a socorrer a aquellos que aún pasan dificultades. Se convierten en enfermeros, en ingenieros, en abogados o en militares. La prueba de la calle les ha fortificado, como a mi compañero del mercadillo. Pero si no hubieran tenido a su alrededor una envoltura afectiva y unas estructuras rituales, la prueba de la calle les habría triturado. Habrían consumido sustancias tóxicas para soportar la prueba, se habrían prostituido para ganarse la vida, habrían caído enfermos, habrían sido rechazados, se habrían visto aislados, habrían recibido palizas y soportado violaciones, y, de caída en caída, habrían quedado faltos de socialización. Es lo que le ocurre a la mayoría de ellos. Sin embargo, lo que provoca el hundimiento no es el golpe, es la falta de apuntalamiento afectivo y social que impide encontrar tutores de resiliencia.

Michel Le Bris, el inventor del festival «Étonnants voyageurs» [Sorprendentes viajeros] de Saint-Malo, hijo de una madre soltera, conoció la prueba de la pobreza extrema y de la agresión de la mirada social. Hace cincuenta años, ser «madre soltera» era considerado una falta grave, y en Plougasnou, en el Finisterre francés, el pequeño Michel conoció la miseria social, pero no la miseria afectiva. El vínculo protector impregnado en él por el afecto de su madre le infundió la afición a las exploraciones. Dijo que había tenido tres fortunas en su vida: un maestro que le había enseñado literatura, un profesor que le había enviado al instituto en París, y el Mayo del 68, que le había dado la audacia necesaria para expresarse. Sin embargo, es preciso tener talento para disponer de tanta fortuna, y esta afición al otro le vino del afecto proporcionado por su madre, un afecto que le permitió el placer de los encuentros. Por esta razón pudo transformar la prueba en creatividad y adquirir «la gana de ser el primero».[62] Lo que habría podido ser una vergüenza fue transformado en la necesidad de dar un poco de orgullo a la persona que, a pesar de la prueba, había sabido amarle. Jean-Paul Sartre y Romain Gary conocieron el mismo sistema de defensa: revalorizar a la que, al amarles, les había robustecido. Eso es lo que mi compañero del mercadillo habría debido explicarle al profesor Daub. La vulnerabilidad social de la madre no había acarreado una carencia afectiva, y el niño, pese a su pobreza y a la agresión cultural, había adquirido el deseo de reparar esa injusticia.

Unos padres muertos aún pueden ofrecer un gran valor de identificación a su hijo si la cultura los ensalza, o si los «relata» por medio de fotografías, de medallas o de objetos insigni-

62 Y. Le Menn y M. Le Bris, *Fragments du royaume*, Venissiaux, Parole d'aube, 1995.

ficantes. Unos padres pobres pueden apuntalar el medio de su hijo si su afecto y sus rituales estructuran el entorno, constituyéndose de este modo en tutores de desarrollo. Unas madres colocadas en una situación de vulnerabilidad por los prejuicios culturales aún pueden transmitir fuerza cuando, con su cuerpo, con sus gestos y con sus palabras componen una base afectiva que sirve de trampolín para el florecimiento del niño. Y a la inversa, determinados padres sólidos y bien desarrollados se valen de sus diplomas para calmar su apetito de éxito social. Estos padres, a pesar de sus grandes cualidades personales y de la organización de un entorno confortable, no proporcionan una base de seguridad a sus hijos, ya que al no ocupar su lugar en el hogar, no dejan su huella en la memoria del niño. Ahora bien, una sociedad que estimula unos valores consistentes en la competencia por la obtención de un título y en el apetito consumista crea en torno de estos niños una dilución afectiva. En estas circunstancias, y en vez de sus padres, serán otras las personas que puedan dejar su huella, y el colegio, sin quererlo, asume hoy este puesto sustitutorio.

Hemos descuidado el poder moldeador de la interacción entre los propios niños

No podemos hablar realmente de trauma, pero sin duda podemos evocar una prueba difícil cuando se constata que a la edad de 6 años, en las semanas que siguen a la vuelta al colegio, un niño de cada dos manifiesta sufrimientos en su comportamiento: alteraciones alimentarias, dificultad para conciliar el sueño, pesadillas, angustias, retraso e irritabilidad. Cuando apenas acaban de adquirir su base de seguridad (mamá, papá, la casa, las rutinas), se les suelta en un mundo nuevo, con una maestra desconocida que se ocupa de otros veinte niños, y con unos compañeros con los que entablan una relación de rivalidad en un espacio austero y constrictivo. A poco que los padres tengan que ir corriendo al trabajo y se precipiten a disfrutar de su tiempo de ocio, a poco que la llamada familia «ampliada» se encoja y no ofrezca más que la presencia de un único adulto, el niño tendrá únicamente, como principales contactos, a otros niños de su fratría y del colegio, cuya huella quedará impresa a partir de entonces. Acaba de cumplir los 6 años y el poder moldeador de los adultos empieza ya a difuminarse. La persona mayor de la familia no es ya la única imagen que descuella en su mundo, ahora es otro niño, con frecuencia un niño «mayor», el que ocupa ese lugar. Y en cuanto a los nuevos responsables, constituyen unas figuras lejanas que no proporcionan seguridad porque tienen el poder de castigar y de gobernar sin afecto. Cuando el niño ha adquirido un vínculo sereno que otorga placer a toda exploración, una nueva figura de adulto permite la apertura de su mundo mental. Sin embargo, cuando una desgracia o una dificultad de la familia ha hecho que la adquisición de este tipo de vínculo se vuelva frágil, el niño sufre al adulto desconocido como a un perseguidor al que deberá someterse. Entonces sueña en secreto que un día se rebelará. Su mundo se escinde como sucede tras los traumas, y se divide en adultos familiares que se dejan dominar porque aman al niño y en adultos no familiares que, por el contrario, pueden dominar porque están protegidos por su ausencia de afecto. Una estructura social que categoriza el mundo en adultos familiares sumisos y en extraños dominantes puede por tanto inducir el aprendizaje de un sentimiento escindido. En semejante entorno, el niño se ejercita en las relaciones de dominio, unas relaciones en las que todo aquel que tiene la desgracia de amar está perdido, mientras que aquel que combate el afecto se siente dominador y protegido. El niño ignora que, más tarde, pagará muy caro esta prohibición de amar.

Por fortuna, en ese contexto social y cultural los niños aprenden a vincularse a otros niños con los cuales conocerán otros modos de amar. Los «mayores» pueden asumir la función del tutor de resiliencia que los desbordados padres y los educadores distantes no pueden ya desempeñar. Ciertamente, nuestra cultura subestima este poder moldeador de las relaciones entre los niños.

El entorno que moldea a nuestros hijos ha cambiado mucho desde la expansión del colegio. Las madres, cada vez más socializadas, se vuelven imaginarias, los padres ya no son aquellos héroes lejanos que daban un poco de miedo, las familias ampliadas constituyen unos hogares encogidos, y los clanes imponen un armazón al no ofrecer más que un único modelo de desarrollo. Por el contrario, el colegio, el barrio y los compañeros disponen en torno de los jóvenes los principales encuentros y rutinas que actuarán como tutores de su desarrollo.

Todo esto provoca el nacimiento de una cultura infantil que escapa al moldeado de las personas próximas y deja a los niños a merced de los adultos que los manipulan en la sombra para convertirles en juguetes del mercado o en presa de los ideólogos. Estos niños, que tan fácilmente se rebelan contra sus educadores, se dejan gobernar por los directores de las grandes superficies y por los eslóganes de los partidos extremistas.

En este contexto, esta cultura infantil comparte algunos valores con la cultura de los niños de la calle. La juerga incesante se vuelve necesaria para luchar contra la desesperación, la búsqueda de estímulos intensos permite borrar la no vida provocada por el aburrimiento, y el amor al riesgo hace aflorar acontecimientos significativos.

Entonces se crea en nuestra cultura tecnológica una situación descrita en *Sa Majesté-des-Mouches*.[63] El novelista sociólogo describe de forma premonitoria el modo en que un grupo de niños privados de la huella de los adultos reinventa los procesos arcaicos de la constitución de toda sociedad. Durante un naufragio cerca de una islita, las barcas de salvamento en las que viajan los adultos zozobran y solo los niños llegan a la costa. Poco a poco, en unas condiciones de supervivencia «al estilo de Robinson Crusoe», se constituyen dos formas de vivir en sociedad: los predadores, que se colocan en torno a un jefe que ve aumentar así su poder, y los demócratas, que tratan de organizar la vida social.

Esta es, en cierto modo, la situación que vivió Raphaël en la Francia de los años cincuenta. Su familia había sido masacrada durante la guerra de 1940, y Raphaël se pasó varios años alternando sus peligrosas estancias en la calle con los momentos vividos en la veintena de instituciones lúgubres en las que residió y de las que se escapaba periódicamente. Una familia de acogida más bien simpática se hizo cargo de él. Sin embargo, era una pareja de modernos comerciantes que alternaba los períodos de intenso trabajo con unos bien merecidos descansos dedicados a los deportes de invierno o a los viajes en crucero. Por consiguiente, y ya desde la edad de 12 años, Raphaël tuvo que ocuparse de un hogar sin adultos. Se levantaba muy temprano, limpiaba la casa, preparaba la comida de los hijos de la pareja y se los llevaba a su cuidadora antes de salir corriendo para el instituto. Por la tarde, hacía la compra al volver del instituto, preparaba la cena y aseaba a los niños antes de ocuparse de sus deberes. Cuando, una o dos noches por semana, su familia de acogida estaba presente, Raphaël iba a dar un paseo

63 W. Golding, *Sa Majesté des Mouches*, París, Gallimard, 1956 [trad. cast.: *El señor de las moscas*, Barcelona, Alianza Editorial, 2010].

por el barrio del puerto viejo, donde deambulaba para ver pasar a la gente. Conoció así a una pequeña banda de adolescentes de fuerte carácter. Estaban Michel el mentiroso, que vendía papeles robados a la administración, Alain el guaperas, que trocaba su cuerpo por unas monedas en las veladas elegantes, Alfonso el larguirucho, que hablaba riéndose de las tundas que recibía en las peleas que él mismo provocaba, y Éric el intelectual, que explicaba doctamente por qué era moral robar en los grandes almacenes. Una tarde en que Raphaël se había dejado convencer de la virtuosa necesidad de esas raterías, fue cogido en flagrante delito mientras robaba un paquete de bolígrafos que no necesitaba. Su vida dio un vuelco. Los inspectores, sorprendidos por su madurez psicológica, tras haber constatado que no había nadie en su domicilio y que el joven ladrón debía ir a buscar esa misma tarde a los dos niños para ocuparse de ellos, dejaron que se marchara.

Unos días más tarde, al llevar a los niños a casa de la cuidadora, en vez de salir corriendo para el instituto, al que casi siempre llegaba tarde, Raphaël se puso a discutir con el marido, que era una caricatura de lo que entonces se llamaba un «viejo comunista». El hombre, un fornido soldador que hablaba con facilidad, recitaba con suavidad los estereotipos de su entorno. Raphaël quedó encantado con este fluido discurso, de ejemplos claros por haber sido repetidos muchas veces. Al día siguiente, por la tarde, en el café de la Rade, arrastraba a la pequeña banda a una discusión política en la que todos los ánimos se encendieron, excepto los de Alain el guaperas, que consideraba que esas afirmaciones eran ridículas y mucho menos rentables que las veladas sexuales pasadas en los barrios elegantes.

La pequeña banda acababa de cambiar de ambiente. Compraban *L'Humanité* y comentaban los titulares con el fin de encontrar en ellos ocasión para indignarse. Éric quedó convencido de la necesidad de luchar contra los grandes almacenes de un modo que no fuese el de los pequeños hurtos. Alain, despreciativo, decidió que ya no pintaba nada en esa pandilla de remilgados, y Raphaël se vio sorprendido por la intensa felicidad que le procuraban estas nuevas discusiones. Este proceso, cuyo desarrollo es frecuente observar en nuestra cultura occidental, no dista demasiado del que experimentan los niños de la calle. El adulto está ahí, desde luego, pero no como tutor. En la mayoría de los casos, un niño que flota está a merced de quien quiera pescarlo. Es una presa fácil para las mafias del sexo, del trabajo abusivo o de las ideologías extremistas.

Un encuentro mudo pero preñado de sentido puede adquirir un efecto de resiliencia

Cuando un niño flota demasiado cerca de un predador, una simple mano tendida se convierte en un apoyo que podría salvarle. Incluso una charla anodina constituye un acontecimiento que puede modificar el curso de su existencia. Esta es con frecuencia la razón de que los educadores tengan una eficacia cuya medida es al menos similar a la de su descarga de conocimientos abstractos. Se convierten en tutores de resiliencia para un niño herido cuando crean un acontecimiento significativo que adquiere valor de referencia.

El padre de Miguel era periodista en Santiago. Una noche se vio obligado a huir justo antes de que llegaran los militares, pero al día siguiente fue arrestado en casa de unos amigos. Solo Miguel y su madre pudieron coger el avión para París. Poco tiempo después, la madre cayó enferma y desapareció, dejando a su hijo de 16 años solo, con unos papeles que seguían incompletos y una lengua aún titubeante. Para el muchacho, el colegio se convirtió en la principal esperanza de integración. Por las mañanas, trabajaba muy temprano limpiando suelos a destajo y saltaba sobre su bici para poder llegar al instituto. A primera hora de clase tenía ya tres horas de trabajo «en las piernas». A mediodía servía las mesas de una cantina antes de volver a sus clases a las dos.

El señor Bonnafe, el profesor de ciencias naturales, tenía fama de severo. Sin embargo, nunca levantaba la voz: siempre tenía en su mano izquierda un puñado de trocitos de tiza que lanzaba con precisión a la cabeza de los chicos habladores o distraídos. Nadie protestaba. Un silencio lleno de ansiedad gravitaba sobre esa clase. Un día, Bonnafe fue a comer a la cantina en la que Miguel servía las mesas a la carrera. No intercambiaron una sola palabra, pero la larga y significativa mirada del profesor permitió comprender a Miguel que acababa de producirse un acontecimiento emocional. Por la tarde, durante la clase, Miguel adivinó en el educador un pequeñísimo movimiento de las cejas y una imperceptible inclinación de la cabeza que significaban, sin la menor duda, «enhorabuena». Este minúsculo signo habría de señalar el punto de partida de una relación privilegiada. A partir de aquel momento, Miguel no existía más que bajo la atenta mirada de aquel hombre que entregaba las fotocopias al chico señalando un silencio y que, a veces, durante el curso, parecía dirigirse al muchacho. Esta muda complicidad hizo que el adolescente se volviese sorprendentemente sensible al curso de ciencias naturales. Lo preparaba atentamente sabiendo que Bonnafe concedería importancia a todo lo que viniese de él. Hizo enormes progresos y se esforzó tanto en esta materia que, unos años más tarde, se hizo médico. No se trata de afirmar que fue el movimiento de cejas del educador lo que provocó que el chico estudiase medicina, puesto que ya en Chile soñaba con esta profesión, pero sí afirmamos la idea de que un chico solo se esfuerza en una disciplina si lo hace para alguien, si lo hace por alguien. El menor gesto significativo que venga a decir: «Tú existes en mi consideración y lo que tú haces es importante para mí» ilumina una porción del mundo y sensibiliza para un tipo de conocimientos abstractos. El efecto de resiliencia se ha producido gracias a un encuentro mudo pero preñado de sentido, ya que cada uno de los participantes se convirtió en una figura significativa para el otro. Para Bonnafe el chico significaba: «Tiene un coraje que yo no tuve cuando debí interrumpir mis estudios». Y para el muchacho, el educador significaba: «Me he ganado su estima, por consiguiente, soy digno de estima, pese a mi agotamiento físico y a mi miseria social».

Resulta muy sorprendente constatar hasta qué punto los educadores subestiman el efecto de su persona y sobrevaloran la transmisión de sus conocimientos. Muchos niños, realmente muchos, explican en las psicoterapias hasta qué punto un educador modificó la trayectoria de su existencia mediante una simple actitud o una frase, anodina para el adulto pero capaz de conmocionar al chico.

Los educadores, por el contrario, no tienen conciencia de este poder. Los profesores a quienes se interroga sobre el éxito escolar de sus alumnos casi nunca se atribuyen el mérito de ese éxito.[64] Casi siempre lo explican por medio de una especie de cualidad inherente al alumno: «Tenía buena cabeza», «asimilaba bien», «era estudioso...», como si el muchacho hubiera poseído una especie de cualidad escolar a la que ellos mismos resultaran ajenos, como si fuese una tierra buena en la que habían prendido los conocimientos que ellos habían plantado en ella.

64 J. Dryden, B. R. Johnson, S. Howard y A. McGuire, «Resiliency: A comparison arising from conversations with 9-12 year old children and their teachers», Reunión anual de la asociación americana para la investigación educacional, San Diego, abril de 1998, pp. 13-17.

Para un niño herido, la pasión por comprender le empuja a una comprensión intelectual que produce un efecto de defensa constructiva. Las matemáticas, que constituyen una asombrosa comprensión del universo, no le ayudan demasiado en esa defensa, salvo si le permiten una revalorización de la propia estima. En ese caso, lo que produce un efecto de defensa es más el éxito que el placer de la comprensión. Por el contrario, las ciencias humanas, la literatura, la política, no solo dan coherencia al mundo sacudido del chico, sino que además crean un sentimiento de sosiego al permitir la adopción de una conducta a seguir, la procura de un gobierno del mundo íntimo.

Este razonamiento vale para los educadores que se saben cuestionados cuando el fracaso de los muchachos les enfrenta a ellos mismos al fracaso. Sus conductas ante los alumnos son manifestaciones de su propia desorganización. «Señor Miguel, vuelve usted a llegar tarde, le veo soñoliento, sus explicaciones son torpes». Es fácil imaginar que el señor Bonnafe haya experimentado un sentimiento de este tipo. La metamorfosis sentimental del educador debió surgir al ver a Miguel corriendo entre las mesas para ganar su flaco salario. En un solo escenario, el profesor había pasado de la irritación a la estima por el muchacho, y sus gestos expresaron la transformación de su mundo de representaciones íntimas.

Esta es la razón de que los educadores que creen en la resiliencia tengan un efecto de resiliencia superior al de los educadores que no creen en ella. Incluso en el caso de que no hayan trabajado el concepto, el simple hecho de sentirse convencidos de su existencia construye una representación íntima que se expresa mediante unas señales que el niño percibe como informaciones patentes y evidentes para él.

Sin embargo, esto no puede constituir una receta de comportamiento, ya que, para que una persona o un acontecimiento se convierta en un tutor de resiliencia es preciso que se produzca una constelación de presiones. Las chicas aceptan mejor el pequeño cambio en la interacción que atestigua el cambio de representaciones en la mente del educador. Ellas convierten con facilidad estos indicios de comportamiento en un tutor de resiliencia, ya que, desde su más tierna infancia, van al colegio para complacer a mamá, a papá y a la maestra. Por el contrario, muchos chicos, pese a percibir estas modificaciones en el comportamiento del adulto, no las convierten en un tutor de resiliencia porque, en determinados medios donde la presión de los compañeros descalifica al colegio, un indicio de este tipo no tiene gran significado.

Se pueden invertir grandes energías en el colegio para complacer a los padres o para escapar de ellos

Cuando mi amigo Abel Raledjian decidió estudiar medicina en Marsella, su familia estaba loca de contento. Vivían no obstante de forma muy humilde, vendiendo pantalones en la calle del Baignoir, cerca del puerto viejo. Además de las horas de instituto, el joven ayudaba a sus padres a hacer algunos arreglos y en los repartos. Tenía muchos amigos en las tiendas de la zona, en las quincallerías, en las pequeñas pastelerías y en las tiendas de electrodomésticos. El día en que anunció su intención de estudiar medicina dejó encantada a su familia y perdió a sus amigos: «Solo las chicas y los maricas se dedican a estudiar. Un hombre, un hombre de verdad, es escayolista como yo». Desde el punto de vista de sus compañeros de la calle del Baignoir, Abel les traicionaba al emprender la aventura de los burgueses, mientras que, para sus padres, daba sentido a sus sacrificios. Si Abel hubiera optado por compartir el mundo de sus compañeros, no habría percibido las señales de ánimo de los educadores, mientras que, al preferir inscribirse en la historia de su familia, las palabras de felicidad generadas por su decisión hicieron que el chico se volviese hipersensible a la menor señal emitida por los educadores. El rumbo de las reflexiones de los jóvenes en sus contextos afectivos y culturales atribuye a este mismo comportamiento unos significados diferentes: «Vas a traicionarnos» puede convertirse en «Vas a ser nuestro orgullo».

En ocasiones, los tutores escolares de la resiliencia resultan costosos. El padre de Marina había huido un buen día de la Italia fascista, a las once de la noche. Había ido a la estación y le había dicho al taquillero: «Quiero ir a Francia. Déme el billete que se ajuste al dinero que tengo». De este modo había viajado de Savone a La Ciotat, donde se bajó sin conocer ni la lengua ni el país. Encontró un cuchitril en un viñedo y fue contratado por el propietario. Marina nació en ese viñedo y pasó su infancia avergonzada por tener unos padres incultos y terriblemente pobres. Su vestido estaba sucio, no tenía zapatos, pero conseguía sufrir menos cuando soñaba que su vergüenza desaparecería el día en que se convirtiese en profesora de francés. ¡Y se convirtió en profesora de francés! Para hacer realidad ese sueño resiliente, tuvo que luchar todos los días con su padre. Para este hombre, tener el coraje de sobrevivir era algo que pasaba por poseer una voluntad física. Por ello, cuando veía que su hija estaba leyendo, se ponía furioso y la emprendía a patadas con los libros, con los muebles, y a veces con la niña. ¿Cómo se atrevía a tomarse unas vacaciones y darse el gusto de una lectura, de un placer para perezosos, cuando era preciso luchar para sobrevivir y ocupar un lugar en el país de acogida? Lo que constituía un sueño de resiliencia para Marina se convertía en una prueba de pereza para su padre. Estudió por tanto a escondidas para reparar su vergüenza. Trabajaba mucho, pero se sentía triste por no poder compartir ese placer con su padre, que vivía el éxito intelectual de su hija como una nueva humillación para él.

Y, una vez más, fue un educador quien reforzó el proceso de resiliencia de Marina al pedirle que escribiese lo que imaginase de su país de origen. La niña describió muy bien la belleza de Italia, en cuyo marco situó a un padre amable y cultivado procedente de una familia pobre pero muy instruida. Mil veces releyó esa redacción de resiliencia que escondía celosamente, soñando que su padre la descubriría, la leería y quedaría metamorfoseado.

Los educadores tienen bastante más poder del que creen, pero no tienen el poder que creen poseer.

Por último, podemos encontrar un punto en común entre esas familias pobres que conducen a sus hijos al éxito escolar y aquellos alumnos que, a pesar de su familia, florecen en el colegio: todos creen en una especie de libertad interior, como si se dijesen: «No veo por qué tendría que aceptar la estadística que dice que el hijo de un obrero no realiza estudios superiores», o: «No veo por qué habría de detestar la lectura como quiere mi padre». Ese «control interno»[65] resulta costoso porque es frecuente que este tipo de familia se aísle de su contexto social, aunque, a veces, es el chico o la chica quien ha de aislarse y perder la estima de sus familiares para estudiar a escondidas.

La creencia en los propios sueños entendida como una libertad interior

El sentimiento de libertad interior, de tener la capacidad de autodeterminarses, es una adquisición precoz probable-

65 J.-L. Bauvois y R. V. Joule, «La psychologie de la soumission», en *La Recherche*, 1998, pp. 1050-1057.

mente ligada a la impregnación del vínculo protector. En caso de agresión, el niño sigue creyendo en lo que ha escogido, en los sueños que encuentra en su interior, y no solo en los estímulos del medio. Está menos sometido al contexto y se determina mejor en función de su mundo interior.

Nadir tenía muchas dificultades para cursar sus estudios de derecho. No solo debía ganarse la vida y estudiar al mismo tiempo, sino que además no tenía que hablar de ello en su casa porque su éxito académico irritaba a su familia. Su padre, que soñaba con convertirse en un auténtico francés, se había alistado en el ejército. La independencia de Argelia le había llevado a las cabañas de la costa del Var. Nadir no era el favorito de su madre, quien se sentía más a gusto con sus hijas, que no paraban de reír mientras se ocupaban de las tareas domésticas. Es más, su madre se sentía más a gusto incluso con sus otros hijos, a quienes juzgaba menos pretenciosos que Nadir, cuyas frases eran excesivamente complicadas. En esa época, estando en segundo de derecho, un profesor iba dando en voz alta los resultados del examen escrito antes de llamar a los candidatos para que se presentasen al oral. Nadir, como todo el mundo, esperaba que dijesen su nombre, pero a su lado otro candidato trataba de hacer reír a sus compañeros añadiendo «Muerto por Francia» cada vez que el profesor pronunciaba un nombre extranjero. «Sami Idrir»: «Muerto por Francia»; «Angelo Francesco»: «Muerto por Francia»; «Jacques Lebensbaum»: «Muerto por Francia»; «Nadir Belchir»: «Muerto por Francia». Durante una fracción de segundo, Nadir se concedió el placer imaginario de plantarle el puño en la cara. Hubiera aplastado a ese joven al que superaba físicamente. Ahora bien, ¿tal vez se habría roto las gafas, quizá la emoción de la pelea le habría impedido trabajar? Nadir no dijo nada, y no se sintió orgulloso por no haberlo hecho, pero pensó: «Lo que cuenta es realizar lo que he decidido hacer.

Al responder a ese tío, me hubiera sometido a su mundo, y habría perdido una parte de mi libertad». Dos minutos después, Nadir volvía sosegadamente al trabajo.

Esta observación permite explicar lo que con frecuencia pasa en las familias en las que se produce un maltrato. La mitad de ellas maltrata únicamente a un hijo, al que convierten en diana. La otra mitad, por el contrario, propina sus tundas a todos los hijos. Algunos de esos hijos se enfrentan físicamente al padre violento, mientras que otros escapan a su furia en el interior de sí mismos: «Pobre mamá, no eres adulta si me pegas de ese modo. Te dejas dominar por tus impulsos». Veinte años después, los niños que se peleaban no están bien. Se han adaptado al contexto del maltrato y la respuesta de su comportamiento les ha sometido a él. Por el contrario, los niños maltratados que huyeron de él refugiándose en su fuero interno han sido desgraciados, pero, posteriormente, eso mismo les ha permitido realizar una parte de sus sueños y reparar de ese modo su pisoteada autoestima.

Lo que cuenta es lo que significa el colegio o la aventura intelectual. Ahora bien, el significado de un objeto no se encuentra en el objeto, se encuentra en el entorno que atribuye un significado al objeto. Samira era realmente una niña difícil. Llegaba siempre tarde al colegio y provocaba al educador. Toda forma de autoridad suscitaba su rebelión. Estaba orgullosa de eso y construía de ese modo su personalidad. Una tarde, arrastrada por un chico al que quería, fue violada durante una encerrona en un sótano preparado al efecto. Deshecha, lo contó todo a sus padres, ¡que la echaron de casa! Desde entonces se convirtió en una «chica de los sótanos», agobiada por su familia y despreciada por los chicos y las chicas de su barrio. Sin embargo, en su naciente desesperación, se abrió paso una sorpresa: el colegio cambiaba de significado. A partir de ese momento se había convertido en el único sitio en el que le hablaban con amabilidad: «Me aferro al colegio. Ahí al menos tengo un contexto estable».[66] Antes del acontecimiento traumático, el colegio tenía el significado de una limitación que la aprisionaba y a la que era preciso oponerse. Después del trauma, el mismo marco se volvía protector y le permitía recuperar la esperanza. Samira supo aprovechar estas circunstancias, ya que hoy ha obtenido un diploma, vive rodeada de amigos y trabaja en una institución cultural.

Desde luego no se trata de decir que es preciso traumatizar a los niños para conseguir que les guste el colegio, pero podemos sugerir la idea de que lo que atribuye al colegio su significado es un conjunto de fuerzas convergentes. Samira fue salvada por el colegio al que antes agredía porque, después de su trauma, la institución se convirtió para ella en un refugio de amabilidad, en una esperanza de liberación. En un entorno miserable, logró constituir para sí un islote de belleza y de libertad. No todos los niños resultan protegidos por el colegio, y algunos quedan incluso estropeados por él. Un educador puede metamorfosear a un niño con una simple palabra o una mirada prolongada. («Metamorfosis» significa cambio de forma, no necesariamente mejoría).

Cuando un niño maltratado llega al colegio, ha adquirido casi siempre un vínculo de carácter no protector. Esta forma de entrar en relación le relega a la periferia. Al llegar, no incita a sus compañeros a la interacción, y cuando le invitan a relacionarse, evita el encuentro. Sintiéndose desgraciado, y falto de confianza en sí mismo, se sitúa en la periferia, esquiva las miradas, se chupa el pulgar, se balancea o finge interesarse en un objeto lateral que le protege del cara a cara.[67]

Este estilo de comportamiento atrae sobre él la atención de otro tipo de niño: el que trata brutalmente a los demás.

66 S. Bellil, *Dans l'enfer des tournantes*, París, Denoël, 2002.

67 M. Gannage, *L'enfant, les parents et la guerre*, París, ESF, 1999, p. 87.

Siempre los ha habido en todas las clases, pero no eran tan abundantes y era posible huir de ellos o protegerse. Parece que hoy, los niños que reciben un maltrato en sus casas presentan en el colegio el aspecto de una presa cuyo atípico comportamiento atrae la atención de los que tratan brutalmente a los demás. Ahora bien, la forma en que los niños maltratados se defienden de los que les tratan con brutalidad es un elemento que permite predecir con fiabilidad la existencia de posteriores alteraciones.[68]

Un pequeño porcentaje de niños maltratados se rebela contra el bruto en el colegio. En lo inmediato, se sienten orgullosos de su enfrentamiento físico, actitud que les permite pensar: «He sido valiente. Le he plantado cara... A mí no es fácil tratarme a lo bruto». Este escenario de comportamiento permite que el niño se signifique ante sí mismo que, a fin de cuentas, él tiene un cierto valor.

El niño que trata brutalmente a los demás es casi siempre un niño que también es desgraciado en su casa y que dora su imagen induciéndose a creer que su fuerza física inspira terror. El niño maltratado que le planta cara pese a su debilidad adopta en cierto modo la misma estrategia de revalorización.

Sucede que la evolución de ambos grupos los conduce al fracaso escolar y a un déficit de socialización. El beneficio inmediato de la victoria de los que actúan con brutalidad y de los que la padecen no dura lo suficiente para recibir un sentido. Sucede incluso lo contrario: el grupo de los niños sosegados se aleja de ellos y los abandona a su alienante mecanismo de defensa. La sorpresa surge cuando realizamos un seguimiento prolongado de estos grupos de niños. La mayoría de los pequeños a quienes se maltrata en su

68 D. Schawartz, R. Steven, N. McFadyen-Ketchun, A. Kenneth, G. Dodge, S. Petit y J. E. Bates, «Peer group victimisation as a predictor of children behavior problems at home and school», en *Development and Psychopathology* 10, 1998, Cambridge, Cambridge University Press, pp. 87-89.

domicilio y se dejan tratar con brutalidad en el colegio evolucionan hacia la larga y secreta depresión de la víctima permanente. Ahora bien, ¡es justamente en el seno de esta población donde más adelante encontraremos el mayor número de resilientes!

Los niños tratados de forma brutal que adoptan el mismo estilo de defensa que los que utilizan la brutalidad obtienen un beneficio psicológico de corta duración. Deben reiterar una y otra vez su comportamiento. Los niños violentos se ven rodeados y admirados por un grupo de jefes subalternos, lo que no impide que se los rechace. Este mecanismo de defensa tóxico revela que estos niños padecen casi siempre alteraciones en su vínculo,[69] con lo que los integrantes del par mórbido se arrastran mutuamente hacia la socialización deficitaria. Por su parte, el grupo de las depresiones silenciosas y de los padecimientos secretos pone en marcha unos mecanismos de defensa constructivos: ensoñación, intelectualización, activismo, anticipación y sublimación. Si un adulto tiene a bien proponerles un tutor de resiliencia con el fin de activar sus competencias secretas, observaremos que estos niños vuelven a la vida, hasta que llegue un momento en que la depresión silenciosa se borrará por efecto del trabajo afectivo, intelectual y social.

Una defensa legítima pero aislada de los demás puede volverse tóxica

Por el contrario, cuando se abandona a estos niños a su callado sufrimiento, un gran número de ellos quedará destruido por sus propios mecanismos de defensa.[70] La

69 J. R. Meloy, *Violent Attachment*, Northvale/Nueva Jersey/Londres, Aronson, 1992.

70 E. Debarbieux y C. Blaya, *La violence en milieu scolaire*, París, ESF, 2001, p. 50.

negación que les protege, les condena al mutismo. La ensoñación que crea un bello mundo íntimo corre el riesgo de aislarles del mundo social. El miedo a los demás aumenta su absentismo. Es frecuente que una intelectualización mal adaptada dé a estos niños un aspecto alelado en el colegio, cuando en realidad, y en un ámbito marginal, están muy instruidos.

Cuando se permite que quienes han padecido brutalidades se vean rechazados, cuando se descuida la depresión secreta de los maltratados, estos niños aprenden lo que es la desesperación y el dolor enmascarado. Por el contrario, cuando reciben ayuda para utilizar lo que su sufrimiento ha puesto en marcha, entonces observamos que una gran cantidad de estos niños se vuelve resiliente.

Lo que ha sido puesto de manifiesto estos últimos años es que en una fratría interviene también el poder moldeador mutuo.[71] Es frecuente que sean el hermano o la hermana mayores los que marquen el estilo de comportamiento. Algunos primogénitos ejercen un efecto de aspiración que arrastra a los que son más jóvenes. La identificación con el primogénito puede inducir la formación de fratrías de artistas, de buenos alumnos, de pendencieros o de desocupados. Y al contrario, no es raro que un primogénito se aproveche de su fuerza y de su autoridad para establecer una relación de dominio que roce el sadismo, relación que con frecuencia no perciben los padres. Del mismo modo, un niño enfermo en la familia, al cambiar los comportamientos de los padres, cambia la burbuja sensorial que rodea a los niños sanos y los expone de forma distinta a la acción de sus tutores. Sylvaine tenía 5 años cuando vino al mundo su hermanito trisómico. En menos de dos meses, la chiquilla adquirió un carácter

71 R. Myrick, «Development guidance and counselling: A practical approach», Corporación médico educativa de Minneápolis, 1997.

grave. No podía comprender que el bebé iba a tener un desarrollo especial, pero, tan pronto como nació su hermano menor, empezó a notar que ya no tenía los mismos padres. Su madre dejó de trabajar, y, a pesar de su mayor presencia en el hogar, empezó a hablarle y a sonreírle menos. Como ya no había más que un solo sueldo en casa, el padre tenía que ausentarse con mayor frecuencia para poder trabajar más, y cuando estaba presente, también él se había vuelto reservado y jugaba menos con su hija. Entonces, Sylvaine se adaptó a este nuevo mundo y, al percibir que sus padres eran vulnerables, fue ella la que envejeció y los tomó a su cargo.

Un niño ya crecido encuentra guías tutoriales en los gestos, las mímicas y las palabras de los adultos a los que se halla vinculado. Percibe bien sus interacciones, pero aún no es capaz de acceder a los valores de sus padres ni de representarse la posición social que tienen. Sin embargo, cuando el sentido de la existencia cambia para los padres, la vida sensorial que baña al niño también cambia.

Por tanto, lo que rodea al niño es una constelación de formas moldeadoras. Este entorno varía su forma con cada acontecimiento: la llegada de un bebé, un cambio de domicilio, la sustitución de un educador, el hecho de que los padres sean desgraciados, e incluso el de que sean felices, todo puede modificar los tutores de desarrollo. Esto explica las sorprendentes variaciones psíquicas que se observan en un niño después de un acontecimiento que, en el mundo de los adultos, puede parecer anodino.

Cuando los niños crecidos son moldeados por las instituciones, aparecen con frecuencia dos estilos relacionales extremos: el grupo de los «externalizados», compuesto por niños que actúan con facilidad, y hablan, juegan y se oponen sin temor a los adultos, y el grupo de los «internalizados», cuyos integrantes son silenciosos y presentan comportamientos de evitación o incluso de ansiedad. Cuando se observa a estos niños durante un breve lapso de tiempo, se constata que los externalizados ríen, se mueven y hablan, pareciendo sentirse a gusto. Por el contrario, los internalizados, temerosos y relegados a la periferia, no se encuentran lejos de la depresión. Sin embargo, cuando, veinte años después, volvemos a verles, los internalizados que no habían conseguido buenos resultados escolares porque se sentían desgraciados en casa y en el colegio compensaron frecuentemente sus déficit mediante el desarrollo de un imaginario que les dio esperanzas y deseos de salir adelante.[72]

Los niños pueden moldearse entre ellos porque tienen poderes análogos a los de los adultos, los que emanan de la identificación con un niño de mayor edad, de una relación de dominio, o de la protección de un niño de menor edad y más vulnerable. Pueden ayudarse o estorbarse unos a otros de igual modo que los adultos. De este modo, y en función del significado que le atribuya la comunidad, el colegio puede convertirse tanto en un lugar aburrido y en fuente de malas influencias como en un espacio de resiliencia.[73]

En el niño, una tendencia afectiva y de comportamiento puede convertirse en una adquisición estable si el medio es estable. Sin embargo, todo cambio en el sistema modifica la tendencia y marca una inflexión en la trayectoria de su existencia.

72 E. U. Hodges y D. G. Perry, *Behavioral and social antecedents and consequences of victimization by peers*, Sociedad para la investigación del desarrollo infantil, Indianápolis, marzo de 1995.

73 E. Werner y R. Smith, *Vulnerable but Invincible: A longitudinal study of resilient children and youth*, Nueva York, Adams, Bannister & Cox, 1988; L. Leblanc, seminario para la obtención del diploma de la universidad de Toulon-Porquerolles, 9 de junio de 2002.

El colegio es un factor de resiliencia cuando la familia y la cultura le dan ese poder

Acaba de suceder en Baltimore, en Estados Unidos, un fenómeno que puede ilustrar esta idea. La mayoría de los chicos de los barrios negros se negaban a ir al colegio. Se influían unos a otros, escapando al control de los padres, y ocupaban su jornada con el heroísmo de los delincuentes, un heroísmo que con frecuencia les conducía a la cárcel. Hasta el día en que una madre, desesperada al ver que su chico de 8 años se rebelaba orgullosamente contra toda autoridad y emprendía el camino de la delincuencia, decidió enviarle a casa de un primo lejano, un masai de África. El niño regresó transformado: era un amable cooperador y un buen alumno, y se sentía feliz de serlo. Hoy han aparecido dos grupos en Baltimore: el de aquellos que, habiendo permanecido en Estados Unidos, siguen dirigiendo el rumbo a la prisión, y el de aquellos que, tras una simple estancia en África, aprueban el bachillerato, aprenden un oficio y no se quejan.[74]

Dos contextos de estructuración de carácter totalmente diferente atribuyen al colegio un significado opuesto. En Baltimore, los chicos solo luchan contra su aislamiento relacionándose en la calle con otros chicos que desprecian el colegio. Para ellos, los contactos con los adultos no representan más que un conjunto de amenazas y represiones. Los acontecimientos y las distracciones emanan únicamente del mundo de los otros muchachos, una esfera en la que hay que burlar a la policía y plantar cara al mundo de los adultos anónimos.

Entre los masai, un niño nunca está solo. Y sin embargo, se siente libre y protegido porque los adultos le enseñan a escapar de los peligros que le rodean. En este contexto, la

74 A. Hicklin, «The warrior class», *The Independent*, 21 de febrero de 2002.

fuente de seguridad emana de los adultos, que conceden muy pronto al niño su parte de responsabilidad. En Baltimore, el peligro emana de los adultos, mientras que, entre los masai, proviene del mundo exterior. Según sea la organización del entorno, el colegio puede convertirse en una fuente para el aprendizaje del desprecio o de la felicidad, lo que en absoluto excluye la participación de los educadores y de los alumnos, que también son actores que operan en el marco de este sistema.[75]

Cuando nuestros niños van al colegio por primera vez, han adquirido ya, en el 70 % de los casos, un vínculo sosegado que convierte este acontecimiento capital en un juego de exploración, en un placer ligado al descubrimiento. Sin embargo, en uno de cada tres casos, los niños que carecen de un vínculo protector hablan poco, quedan relegados a la periferia y sufren sin decir nada a nadie porque han aprendido a temer a los demás y a experimentar angustia ante lo desconocido. La práctica totalidad de los niños con un vínculo de carácter no protector, e incluso una parte de los que tienen un vínculo protector, quedan traumatizados. Solo uno de cada dos niños vive su primera experiencia en el colegio como una aventura emocionante. Cuando llega el primer día de colegio ya han adquirido una forma de amar y aprendido todos los prejuicios de su familia. La labor de moldeado proseguirá, influida por la acción conjunta de los hermanos, las hermanas y los amigos del barrio. El vínculo de los niños no se teje forzosamente con los profesores que más títulos tienen: suelen preferir a aquellos cuya personalidad les brinda seguridad y les moviliza. Sin embargo, el valor y el significado que atribuimos al colegio dependen enormemente de los estereotipos culturales.

75 A. Vasquez-Bronfman y J. Martínez, *La socialisation à l'école*, París, PUF, 1996.

Por consiguiente, y para construir su resiliencia, el niño deberá atravesar los efectos de una constelación de determinantes. Esta es la razón de que no podamos atribuir un efecto a una única causa. No podemos decir que el colegio los masacre ni que los salve. Ambos casos coexisten. Sin embargo, cuando la agresión proviene del exterior de la familia, los tutores de resiliencia se encuentran en su interior, como sucede en esas «familias bastión» que saben proteger y dinamizar a sus hijos.[76] Cuando una agresión proviene del interior de la familia, será en el entorno donde haya que buscar los tutores de resiliencia: el tío, la tía, los abuelos, los vecinos, el colegio, el barrio y las organizaciones culturales. Los hijos de los mineros solían venerar a su padre, héroe familiar sacrificado en el altar de la industria. Estos hombres habían descendido a la mina con 12 años, sabiendo que prácticamente no volverían a ver la luz del día, que se arrastrarían por galerías recalentadas, que correrían el riesgo de sufrir accidentes, de encontrarse con una explosión de grisú, o de morir asfixiados lentamente por la silicosis. En este aterrador contexto técnico e industrial en donde existía una agresión extrema, la familia adquiría el valor de un refugio protector, y estos hombres, que en realidad pasaban poco tiempo en sus hogares, llenaban el imaginario de la familia y de la cultura, que los convertía en héroes.

El extraño hogar del niño adultista

Cuando la agresión es insidiosa, es difícil tomar conciencia de ella. Sin embargo, el peso de lo cotidiano estructura al niño que aprende a adaptarse, día tras día, a un lento desgarro.

76 M. Ravoisin, J.-P. Pourtois y H. Desmet, «Les enfants d'ouvriers à Polytechnique», en J.-P. Pourtois y H. Desmet, *op. cit.*, pp. 173-195.

Los hijos de unos padres vulnerables se vinculan a tutores frágiles y se adaptan a ese medio, tratándolo con todo esmero. Esto es lo que sucede cuando se camina por un sendero de montaña mal señalado. Se pone mucho cuidado en evitar los desprendimientos, se apartan las piedras inestables, se retiran las ramas que podrían desequilibrarnos. Podemos calificar como «adultistas» a los mundos mentales y de comportamiento de aquellos niños cuyos padres son vulnerables. No es un término muy bueno, y por eso debemos conservarlo, porque resulta insólito y designa un comportamiento que es a un tiempo adaptativo y patológico. Cuando se realiza el seguimiento psicológico de una legión de niños con padres vulnerables, enfermos mentales, discapacitados físicos, encarcelados o alcohólicos, se termina por descubrir, al verles evolucionar, que algo menos de la mitad de ellos (el 45 %) se convertirán en adultos angustiados con una vida emocional inestable y un mundo interior que con frecuencia es doloroso (mientras que, entre la generalidad de la población, el porcentaje es del 23 %). Sin embargo, unas cuantas décadas más tarde, más del 50 % de esta legión de niños dará lugar, pese a todo, a adultos serenos y realizados,[77] aunque hayan debido pagar una costosa estrategia de existencia: el adultismo. La mitad más pequeña, la que ha generado unos adultos dolientes, es la que ha permanecido sola en su contacto con el padre vulnerable. Por el contrario, la otra mitad, la que ha producido, al precio del adultismo, unos adultos realizados, ha logrado encontrar en todos los casos, en el exterior de su hogar extraño, un vínculo familiar o cultural en el que el niño podía dejar de ser el padre de sus padres. En torno a este hogar que convertía en padre al niño había tutores de resiliencia: un colegio, un patronato, un grupo depor-

77 Centro de Investigación e Innovación en Sociopedagogía Familiar y Escolar (CERIS), Universidad de Mons-Hainaut.

tivo, un tío, una vecina o un grupo de amigos, y gracias a ellos el niño podía recuperar su posición y sus desarrollos.

Podemos preguntarnos cuál es el misterio que hace que los hijos de los padres inmaduros se conviertan con tanta frecuencia en adultos prematuros. Los niños cuyos padres han muerto nos proporcionan el ejemplo que nos sirve de referencia. La muerte, en el imaginario del huérfano, confiere a sus padres un estatuto particular. Estos niños son los únicos que tienen unos padres que permanecen siempre jóvenes e invariablemente perfectos, unos padres que nunca cometen falta alguna. Por el contrario, los que tienen la suerte de tener unos padres reales deberán inevitablemente relacionarse, antes o después, con un padre fatigado o injusto, con una madre alterada o que descuida a su hijo para ocuparse de otra cosa. Los mundos sensoriales en los que se hallan inmersos estos niños son completamente diferentes. El que tiene unos padres reales, y por consiguiente, imperfectos, aprende a hacerles frente y a soportar sus pequeñas injusticias y abandonos, lo que va conduciéndole a una autonomía creciente. Por su parte, aquel cuyos padres han fallecido y son, por tanto, perfectos, se desarrolla en un mundo escindido en donde lo real es cruel y lo imaginario maravilloso. Si no se derrumban, estos huérfanos se convertirán, en más de la mitad de los casos, en «pequeños adultos», o, por así decirlo, en «viejos prematuros». El entorno se deshace en alabanzas hacia ellos, la gente dice que son serios y razonables, y no obstante, todo el mundo experimenta una sensación incómoda. La relación con ellos es demasiado fina, un tanto verbosa, amanerada incluso. Su sentido de la responsabilidad nos impresiona y nos incomoda. Su sonrisa relamida guarda las distancias, su afectación hace que sintamos ganas de zarandearles, y sus maneras de seductor están desprovistas de encanto. Sentimos ganas de hablar mal de ellos, y sin embargo, sus proezas nos obligan a alabarles.

Me acuerdo de Antoine, un huérfano precoz con un retraso intelectual grande tras haber pasado por una quincena de instituciones en las que jamás había tenido tiempo suficiente para desarrollar el menor vínculo. A la edad de 12 años fue confiado al fin a una familia en la que su comportamiento cambió inmediatamente. La pareja vendía charcutería con un camión. Antoine tenía que ocuparse de la casa y de los hijos de la pareja. Afrontaba su trabajo con una seriedad excesiva. En el colegio, Antoine se convirtió en un buen alumno, pese a que anteriormente era un niño inhibido y casi retrasado. Unos años más tarde, cuando resultó posible adentrarse en su mundo íntimo, no hubo más remedio que concluir que ese adultismo constituía la forma socialmente aceptable de un vínculo de evitación, como si Antoine se hubiese dicho a sí mismo: «Hago lo que tengo que hacer. Ellos me alojan en su casa y yo rescato mi libertad siendo un niño perfecto, tan perfecto como mis padres muertos. Estamos en paz, y por tanto, un día podré dejarles sin sentir remordimientos». El vínculo de evitación que manifestaba Antoine, asociado a su comportamiento perfecto de niño que se sabe en un domicilio de acogida, constituía en realidad una estrategia de existencia adaptada a la situación. Antoine estaba pagando su futuro alejamiento, su libertad venidera.

Esta estrategia de adaptación presenta el aspecto de un control interno excesivo, como si el niño se hubiese dicho: «Una sumisión aparente compra mi libertad. Renuncio al placer inmediato con el fin de que, más adelante, estas personas no me impidan disfrutar de la vida pidiéndome que me ocupe de ellos. Pago por adelantado: cuando me la pidan, yo ya habré aportado mi contribución. Mi amabilidad anormal prepara mi alejamiento. Hasta ahora, lo real era desesperante, pero desde que me han concedido responsabilidades, recupero la esperanza al descubrir que puedo dominar lo real». Este modo de reparar la propia estima resulta costoso, pero ¿cómo podría procederse de otro modo?

El niño adultista no es amable para hacerse querer, para tejer un vínculo, como hacen los niños que han adquirido un vínculo sereno, es amable para liberarse. Sin embargo, este modo de conquistar la autonomía aparece únicamente con un determinado tipo de padres. En sus anteriores hogares, Antoine había manifestado diferentes tipos de vínculos, unos vínculos que dependían mucho del tipo de familia que le acogiera. En ocasiones se había mostrado alelado, distante, sin tener nada que decir ni nada que comunicar a esas personas. Con frecuencia se había comportado de forma adorable, mostrándose trabajador y atento para no ser una carga excesivamente pesada para la familia que le daba albergue. Sin embargo, lo que más le extrañaba era que antes de haber sido confiado a los charcuteros, había pasado unos cuantos meses en una familia muy estructurada en la que el marido y la mujer, ambos decoradores, le habían inhibido por completo. Antoine no se atrevía a hacer nada en casa ni el en colegio por pura intimidación, ya que se sentía tremendamente alejado de una pareja a la que admiraba, pero con la que no lograba identificarse. Al llegar a casa de los charcuteros, el muchachito de 10 años se había quedado sorprendido por su falta de cultura, y se sintió bastante satisfecho al verse abrumado de tareas. La fuerza de la pareja de decoradores le hacía sentir vergüenza de su propia persona, mientras que la debilidad y la tosca ingenuidad de los charcuteros le permitían probarse a sí mismo que era capaz de llevar una casa, de ocuparse de los niños y de ser un buen alumno.

El adultismo permite no depender del amor de los demás: «Yo llevo la casa, yo pago, yo me iré». Si se hubiera quedado en casa de los decoradores, podemos imaginar que Antoine habría tratado de obtener su autonomía aprendiendo enseguida cualquier oficio que le hubiese permitido marcharse y no tener que seguir viendo a tan amable familia de acogida. Por el contrario, con los charcuteros, el niño abrumado de trabajo había vuelto a soñar y tomado la decisión de hacer lo que quería su madre antes de morir. «Mi hijo será un gran abogado». Por tanto, eso fue lo que afirmó con violencia, casi gritándolo, cuando el «padre» charcutero había querido enseñarle el oficio para que Antoine se convirtiese en el «báculo de su vejez». Trabajar precozmente le habría encadenado a la familia de charcuteros, mientras que ese mismo trabajo precoz le habría liberado de la familia de decoradores. Las estrategias de resiliencia habrían sido diferentes, y un mismo acontecimiento, el del trabajo precoz, habría adquirido una función opuesta debido a la familia de acogida.

La oblatividad mórbida, es decir, la excesiva dádiva de uno mismo, como precio de la libertad

Es casi una regla que un padre inmaduro provoque la adquisición de una pauta de comportamiento parental en uno de sus hijos.[78] Y, con frecuencia, gracias a este costoso proceso consiguen liberarse y hacerse resilientes los niños que se desarrollan en familias donde se producen relaciones incestuosas. Lorenzo tenía 14 años cuando sorprendió a su padre con su hermana en la cama paterna. Tras varias semanas de tempestades interiores, decidió ir a la comisaría, que hizo llamar al padre. El hombre se presentó sorprendido, estupefacto por la denuncia. Dio tantas pruebas de su devoción que fue el joven quien se vio obligado a consultar a un psiquiatra, quien le prescribió unos neurolépticos. Dos años después, su hermana sorprendió a su padre con la hija menor. Esta vez,

78 J. Miermont (comp.), «Parentification», en *Dictionnaire des thérapies familiales*, París, Payot, 2001.

el testimonio conjunto de los dos adolescentes envió al padre a prisión. Lorenzo no experimentó ninguna sensación de victoria. Más bien al contrario, se sintió culpable por el hundimiento económico de su familia. Por su culpa eran pobres, por su culpa se verían sus hermanas en la imposibilidad de proseguir sus estudios. Así las cosas, encontró trabajo como albañil y se ocupó de la familia, de la vida doméstica y de los papeles mientras sus hermanas estudiaban.

El padre incestuoso no es un padre fuerte, protector y capaz de dinamizar, ya que no tiene acceso al sentimiento de parentalidad. No se siente padre, y ve a su hija como a una mujer niña. Frente a un padre fuerte, un niño se afirma mediante la oposición, mientras que Lorenzo, enfrentado a un padre inmaduro y a una madre con ocupaciones en otras partes, descubrió su fuerza tomando a su cargo la casa y convirtiéndose en «padre» de su madre y de sus hermanas pequeñas. El beneficio inmediato de su adultismo le permitió aliviar su culpabilidad y restaurar su propia estima herida mediante el expediente de procurar socorro a los débiles. Gracias a esta costosa estrategia, el niño volvía a sentirse estimable y virtuoso.

Las reflexiones de la justicia resultan a veces sorprendentes. El padre del pequeño Claude había matado a la madre en presencia del niño. El chiquillo no dijo una palabra cuando le ingresaron en una institución nada cálida. Esta frialdad afectiva le vino bien, ya que le permitió adaptarse sin tener que hacer el esfuerzo de entablar unas relaciones humanas. Tras algunos meses de hibernación, fue confiado a una tía, joven, soltera y bailarina de *strip-tease*. Como trabajaba de noche y dormía durante el día, el niño se aburría y echaba de menos el sombrío orfanato. Hasta que un día, su tía, decidida a convertirse en burguesa, pidió al niño que eligiese entre dos pretendientes, uno alegre y deportista al que Claude quería mucho, y el otro triste y aburrido. El niño eligió a este último porque presentaba una ventaja indiscutible: ¡una luxación de cadera! El niño, que se había vuelto excesivamente responsable a causa de su tía inmadura, nunca habría sido capaz de infligir a ese hombre una herida afectiva. Sufría menos si se imponía a sí mismo esa privación.

Nadie gana impunemente su libertad, y Claude, al igual que Lorenzo, al trabajar para convertirse en hombrecitos morales, se disponían a padecer una oblatividad mórbida, por la excesiva dádiva de sí mismos. Quien se ofrece a satisfacer los deseos del prójimo en detrimento de los suyos propios no pertenece por ello a la familia de Masoch, ya que no busca su placer con esta estrategia. Obtiene propia estima, pero no un placer. «El que me gusta es el deportista, el que se pasa la vida riendo. Pero no habría soportado ser un niño que hace el mal. Renuncio a mi placer (mientras que Masoch lo busca), para construirme como un hombre moral». Claude podría haber hablado de este modo.

No tenemos más que una opción con lo real: soportarlo y adaptarnos a él o sucumbir. Sin embargo, un niño no sabe siquiera cómo afrontarlo. Necesita a otro para aprender a vivir y para adquirir algunas de las habilidades relacionales que habrán de caracterizar su estilo afectivo. A partir de ahí podrá volverse fácil o difícil de querer, podrá ser emprendedor o inhibido. Ser adulto es haber adquirido una habilidad para satisfacer las necesidades reales convirtiéndolas en un placer de representación. Mi organismo tiene necesidad de agua (eso es lo real), voy a envasarla en una botella azul (eso es la representación de lo real).

«La madurez psíquica es el resultado de un desarrollo mental que dispone de un tutor».[79] Freud, para subrayar el

79 G. Harrus-Redivi, *Parents immatures et enfants-adultes*, París, Payot, 2001, p. 14.

aspecto patológico del niño adulto, había hablado de «madurez precoz del yo», y Ferenczi había subrayado incluso la madurez apresurada de la «fruta podrida».[80] Tengo la impresión de que el carácter mórbido del adultismo es más bien una adaptación a una presión familiar o social. Podemos preguntarnos por qué determinadas familias sirven como tutores de los desarrollos inmaduros mientras que otras provocan una maduración precoz. Cuando un entorno regula todas las constricciones de lo real por medio de figuras de vínculo, parece que el niño, colmado, no las transforma en una representación. No le resulta necesario aprender habilidades relacionales, porque lo real ya ha sido satisfecho. Cuando el entorno lo proporciona todo, el niño no se da cuenta de que necesita agua.

Un adulto necesita agua y también una botella azul. Un niño ahíto no siente deseos de una cosa ni de otra. Un niño que padece carencias tiene tanta necesidad de agua que no presta la menor atención al color de la botella. Esta es la forma en que unos entornos disímiles organizan la tutoría de unos desarrollos distintos: mediante la conciliación de lo real con su representación.

Desembarazarse del sacrificio para ganar la propia autonomía

Cuando el niño desgarrado se somete a la herida porque nadie le ha dicho que es posible remendarla es cuando sufre un traumatismo psíquico. Algunos niños se adaptan a esta herida echándose a la espalda todos los problemas de su pequeño mundo, es decir, realizando una especie de actividad centrada en ellos mismos cuya dirección no está orien-

80 S. Ferenczi (1932), «Confusión de lenguas entre los adultos y el niño», *op. cit.*

tada al propio cuerpo, sino al entorno próximo. Cuando el trauma incide sobre un niño ya mayor, observamos que su reacción no consiste tanto en balanceos o en autocontactos constantes, cosa que sucedería en el caso de un niño muy pequeño, como una actitud caracterizada por el hecho de tomar a su cargo a todos los que le rodean. En un primer momento estas conductas pueden tener un efecto protector, pero si duran demasiado se convierten en un grave obstáculo para el desarrollo de su personalidad. Por consiguiente, es preciso desembarazarse del adultismo y abandonar esa protección para volverse resiliente. Este proceso de resistencia y posterior resiliencia[81] resulta habitual cuando se producen estropicios en la existencia. Lo primero que hay que hacer es afrontar las cosas y adaptarse, a cualquier precio. Después, cuando todo se calma, es necesario desembarazarse de esta situación para retomar un desarrollo y hacer algo con la herida, esto es, darle sentido. La hipermadurez precoz no es un avance, es más bien un retraso, pero después de este largo rodeo se hace posible la resiliencia. «Hacerse el adulto» permite al niño herido eludir la situación de inferioridad, pero hacer como si fuese una madre, o como si pudiese decidir como un hombrecito, es un placer peligroso, ya que este juego del «como si» enseña al niño un papel que no se corresponde con su personalidad. El niño herido, al saber que «el espectáculo del otro es siempre un lenguaje»,[82] saca a escena a su propio personaje. Representa el papel de alguien que desea dejar de ser un niño porque es excesivamente duro. Hacer de adulto permite dejar de estar solo. Sin embargo, el pequeño comediante encarna un papel

81 J. Barudy, *La douleur invisible de l'enfant: L'approche écosystémique de la maltraitance*, Ramonville-Saint-Agne, Érès, 1997.

82 M. Foucault, *Naissance de la clinique*, París, PUF, p. 7 [trad. cast.: *El nacimiento de la clínica: Una arqueología de la mirada médica*, Madrid, Siglo XXI, 1999].

que no siente, porque no le gusta ser adulto, y porque, con bastante frecuencia, no quiere a la persona a la que se entrega.

Un miércoles por la tarde, Nicolas se había visto obligado a renunciar a un partido de fútbol con el equipo de infantiles de su instituto para llevar de paseo a la plaza a los niños de su familia de acogida. El niño crecido había colocado uno de sus libros de clase sobre el cochecito de niño y trataba de aprender su lección mientras vigilaba a los chiquillos cuando una pareja de personas mayores, encandilada por esta imagen, se puso a hacerle cumplidos. Nicolas quedó sorprendido al oír los insultos indecentes que se le escaparon de la boca. Estaba dispuesto a limpiar la casa a las cinco de la mañana, a renunciar al fútbol, a ocuparse de los niños, a estudiar para tener éxito en el instituto, pero le ponía furioso que alguien le endosase la etiqueta de persona «amable». No quería identificarse con el personaje cuyo papel se limitaba a aportarle simplemente una estrategia de liberación: «Yo me adapto, yo pago, estamos en paz... Este largo rodeo es el único camino que algún día permitirá que me convierta en mí mismo».

¿Cómo actuar de otro modo? En las instituciones, Nicolas había observado con frecuencia que los chicos rebeldes desandaban su socialización al fugarse, al robar y al pelearse. Quienes así se comportaban perdían su libertad a cambio de concederse unos breves instantes de revalorización: «¿Habéis visto la hazaña que he realizado al robar, el valor que he tenido al pelearme?». Breve victoria, y obtenida a un precio demasiado caro. El adultismo de Nicolas se convertía para él en un subterráneo de lenta excavación, en un subterráneo que, día a día, le conducía al aire libre.

¡No siempre! Al adultismo liberador se opone el adultismo de los niños excesivamente vinculados a un padre vulnerable. Prisioneros de la inmadurez del adulto, no se atreven a desprenderse de ella. La libertad les produce vergüenza, como si estuviesen abandonando a un pariente, a un niño.

La madre de Pierre se había visto obligada a trabajar como enfermera para pagar sus propios estudios de medicina. Era vivaracha, simpática y activa, pero incapaz de planificar la menor jornada de trabajo. Olvidaba las citas, perdía los papeles administrativos o se iba de vacaciones el mismo día en que los socios de su consulta la esperaban en el notario. Pierre aprendió muy pronto a ocuparse de ella. El niño llenaba el frigorífico, ordenaba la documentación y se decía que llegaría el día en que ella no tendría más remedio que decirle quién era su padre. Después del bachillerato, Pierre se pagó estudios de letras trabajando como operador turístico, porque su madre ya había acumulado muchas deudas. Un día, la madre dijo llorando al hijo que había tenido que deshacerse de su coche, que era demasiado viejo, y que, por lo tanto, no podría realizar las visitas al día siguiente. El joven obtuvo inmediatamente un préstamo para estudiantes, compró un coche a su madre y trabajó aún más para pagar sus deudas. Debido a la inmadurez de su madre, Pierre se encontraba frente a una elección imposible: cuando le prodigaba cuidados, comprometía su propio florecimiento, y cuando se alejaba de ella para poder trabajar mejor, se veía torturado por la culpabilidad. Fuera cual fuese su decisión, era una decisión dolorosa. Sin embargo, lo que resultaba llamativo era ver hasta qué punto el hecho de mimar a su madre desarrollaba en él una hipervinculación ansiosa. No es raro observar el mismo fenómeno cuando una madre se ocupa de un niño vulnerable, enfermo o difícil. Los cuidados que se prodigan al débil desarrollan el vínculo y realzan el valor de quien los prodiga.

El adultismo es un largo rodeo que no desemboca en la resiliencia más que a condición de que el niño se valga de él para liberarse y hacerse responsable de sí mismo. Cuando este niño, excesivamente formal y entregado, se deja aprisionar por la persona que le protege, los dos se hunden. Sin embargo, cuando el hecho de haber ayudado al adulto ha protegido al niño y le ha permitido emprender la realización de un proyecto personal, entonces, considerado ingrato por los vecinos que antes le admiraban, podrá retomar un desarrollo personal.

Una vez más, es el contexto lo que actúa como factor determinante. Bernadette, Éric e Irene se ocupaban mucho más de su madre que de sus compañeros de colegio. Cada uno de estos niños había nacido de un padre diferente que había desaparecido antes de que naciesen. La madre vivía gracias a las ayudas sociales y no salía de la cama, donde de vez en cuando acogía a un amante temporal. Los niños se ocupaban de todo y pasaban la mayor parte de su tiempo tratando de reconfortar a su madre. Hasta el día en que Bernadette se enamoró... de un negro. Como el asunto se iba volviendo serio, no hubo más remedio que presentarlo a la madre, que no pudo reprimir una serie de insultos racistas. Furibunda, expulsó a la hija, quien, sintiéndose extremadamente desdichada, se preocupó de su madre antes que de sí misma y pidió a su hermano y a su hermana pequeña que se ocupasen de ella. Unas cuantas semanas más tarde, Bernadette descubría con sorpresa que la vida podía ser bella.

No es raro que el éxito escolar del niño adultista humille al padre de quien se ha hecho cargo. Este niño de carácter excesivamente serio aparece como alguien que pretende dar lecciones. Explica el funcionamiento del mundo de forma un tanto condescendiente, da lecciones de moral y trabaja bien en el colegio: resulta irritante. Máxime cuando los demás niños de la fratría se comportan como niños normales, se tronchan de risa, hacen tontadas y trabajan en el colegio... a veces. En estos casos, existen determinados escenarios de comportamiento de los padres vulnerables que tratan encarnizadamente de hacer fracasar, por medios no verbales, al niño que les ayuda. Una madre puede «olvidarse» de dar el dinero que habría permitido sufragar la inscripción en un examen, o puede «perder» el informe para la petición de una beca. El padre inmaduro puede arreglárselas para llegar tarde a la oferta de empleo a la que había prometido acompañar a su hijo. Hay numerosos escenarios de frustración, diversos y siempre «accidentales», pero de hecho atestiguan la existencia de un deseo de poner obstáculos a ese niño excesivamente amable cuya autonomía se verá retrasada por el malogro de su proyecto. En el caso de los hipervínculos ansiosos, lo que se pretende es tenerlo cerca, y si lo que ocurre es que su éxito humilla a los padres inmaduros, lo que se persigue es que fracase.

Y es que lo que conduce a la resiliencia es la conquista de la autonomía. Cuando un desarrollo es normal, el niño se aleja cada vez más de la fuente de vinculación que, impregnada en su memoria, le da fuerzas para alejarse de ella. Cuando ha habido un trauma, la evolución hacia la resiliencia deberá realizar la misma conquista, pero implicará estrategias más costosas, ya que es preciso retomar el camino a pesar del desgarro y en circunstancias adversas.

A partir de los 6 años de edad, un niño prosigue su desarrollo apoyándose en tutores extrafamiliares, tutores que, en gran medida, le proporciona la esfera de la familia ampliada, el colegio y el barrio. Si el niño adultista encuentra, al margen de las cargas que soporta en el hogar, a un educador, a un entrenador deportivo o a un compañero afectivo, es frecuente que se metamorfosee.

Quien encauzó a Antoine por la senda de la autonomía y le permitió liberarse de los amables y pesados charcuteros fue uno de sus compañeros de instituto. Roland tenía 12 años cuando Antoine tenía 11. Había adquirido un vínculo protector a pesar del divorcio de sus padres. La madre, autoritaria y trabajadora, dirigía un taller de costura, mientras que su padre, poeta y maestro, consagraba su vida a generar bellos encuentros, a los domingos en el campo y a unos amenos debates de sobremesa. Semejantes padres no podían entenderse, y sin embargo, uno y otro habían legado a Roland una rica herencia psíquica. La madre le proporcionaba fuerza, y el padre, belleza. Tan pronto entró en el instituto, Antoine se fijó en Roland: le habían impresionado grandemente su aplomo, su alegría y su capacidad de regate en el fútbol. Los dos chicos vivían en el mismo barrio. Volvían juntos a casa por la tarde y trabaron amistad. A pesar de su aparente fuerza, Roland se sentía ante sus padres como se sienten los niños. Su madre quería que triunfase en la vida, y por eso él no dudaba en mantenerla en vela para que le tomase las lecciones. A su vez, Roland estaba impresionado por la aparente madurez de Antoine, que ya sabía llevar una casa. Gracias a esta amistad, Antoine fue invitado a casa del padre poeta y maestro, donde, de pronto, se sintió niño. Aprendió a cocinar, a beber buenos vinos, a hacer tonterías y a cantar canciones pícaras delante del padre, que fingía una actitud de virtud indignada. Todo este mundo en el que se «hacía como si» creaba un sentimiento de auténtica felicidad. Antoine descubría que en casa de sus buenos charcuteros se sentía constantemente abrumado, mientras que su amistad con Roland le permitía comprender que un niño tiene derecho a dejar que le guíen. Desde luego, Antoine no hubiera podido trabar relación con cualquiera. Su amistad con Roland solo había sido posible porque era sensible a este tipo de compañeros. En su mismo barrio, se había cruzado, sin trabar una verdadera relación con ellos, a chicos que únicamente hablaban de peleas y de robos, y eso le traía a la memoria a los chicos mal socializados de las instituciones en las que había estado. Cuando, unos años más tarde, Roland se inscribió en la facultad de derecho, soñando con prepararse para las oposiciones de ingreso en una escuela especializada, como anhelaba su madre, Antoine se preguntó qué era lo que le llevaba a él a inscribirse también. Al servirle de tutor de resiliencia, Roland había permitido que Antoine caminase hacia la autonomía y se desprendiese de su condición de niño entregado a los demás.

Esta reacción de seguidismo constituye una prueba de que los niños adultistas no son adultos. Son razonables, serios y se vuelven responsables demasiado pronto con el fin de esquivar la desesperación, pero no están realizados. De hecho, estamos ante una alteración de la parentalidad: no están ubicados en su sitio en su familia. En la época en que son adultistas, se someten... ¡a los débiles! Sin embargo, como sienten el ansia de encontrar compañeros que actúen como tutores de resiliencia, consiguen liberarse de este exceso de oblatividad y retomar algún tipo de desarrollo. Esta búsqueda de un tutor de resiliencia afectiva fuera de la familia hace que su adolescencia sea un período crítico. Movidos por la avidez de encontrar un compañero mejor estructurado que ellos, «se comportan como el niño que no han sido».[83] Se observa entonces un extraño mosaico de comportamientos parentales mezclados con demandas infantiles. Sin embargo, en ambos casos, lo que viven es la vida del otro.

Micheline y su hermana habían vivido una infancia miserable en la Martinica. El padre había muerto víctima de una enfermedad misteriosa. La madre y las dos niñas pequeñas habían conseguido que las repatriasen a Francia. Las dos chiquillas habían tomado por completo a su cargo a su madre desamparada. Se ocupaban de todo, la reconfortaban sin cesar y conseguían pese a todo a salir airosas en sus estu-

83 A. Oppenheimer, «Enfant, enfance, infantile», en *Revue française de psychanalyse*, 1994.

dios de enfermería. Cuando Micheline conoció a un óptico, se sintió protegida por la solidez de aquel chico que lo veía todo muy claro. Sin embargo, al casarse con ese hombre, no sabía hasta qué punto se casaba también con su familia. Cuando su suegra cayó enferma, Micheline se ocupó de ella con una entrega fuera de lo normal. Para subirle la moral llegó incluso a confiarle el bebé que acababa de traer al mundo y sufrió mucho por esta mezcla de abandono y regalo. De comportamiento totalmente infantil en las relaciones con su marido, Micheline mostraba una conducta parental con su suegra, llegando incluso al agotamiento. Se ocupaba de los dos hogares y de su profesión, que no es de las más descansadas. Hasta el día en que sucedió lo que tenía que suceder: presentó un cuadro de depresión por agotamiento. Es regla general que los afectos de oblatividad se desprendan de sus bienes para dárselos a los demás. Eso les hace felices, pero a veces se derrumban, exhaustos. Micheline, al verse obligada a cuidarse durante su depresión, sintió vergüenza al notar que se ponía mejor mientras su suegra aún seguía enferma. Nada más curarse, retomó su estrategia relacional de oblatividad excesiva. Solo tras la tercera recaída, el marido, exasperado por tanta bondad, intervino para obligar a su mujer a ocuparse de sí misma. Entonces, como una buena niña, obedeció y se atrevió a sentirse feliz.

En el caso de esta mujer, la resiliencia pasó por la depresión, ya que esa circunstancia la obligó a metamorfosearse, con la ayuda de su robusto marido. Esta evolución no es rara. Son numerosos los florecimientos personales que han comenzado tras un abatimiento que constituía el desenlace de una forma de vivir costosa y de un mecanismo de defensa que no era respetuoso con la personalidad del herido.

2
Las frutas verdes o la edad del sexo

La narración no es el retorno del pasado

El proceso más sano y menos costoso es el constituido por la narratividad. Esta capacidad para establecer el relato de uno mismo es necesaria para que la persona se haga una idea de su propia personalidad. Esta tarea genera un extraño placer. Se comprendería sin dificultad el deleite provocado por la evocación de los recuerdos felices, como ocurre cuando nos encontramos en un grupo y la evocación de los momentos felices permite provocar el retorno de la felicidad. Así es como se teje el afecto entre quienes comparten un mismo recuerdo. Pero acordarse una y otra vez de un episodio doloroso, hacer que regresen las imágenes tristes, revivir los diálogos conflictivos e imaginarse otros, provoca una emoción desconcertante de bienaventurada tristeza. Y es probable que sea esta extraña circunstancia la que permita comprender la función de la narración interior, ya que ella nos lleva a revivir la emoción que ha provocado el pasado y a reorganizarla para convertirla en una representación de sí que nos resulte íntimamente aceptable.

Esta labor de la narración produce un doble efecto. En primer lugar, porque ejerce una función de identidad: «Yo soy alguien que se ha escapado de un correccional y que ha enviado a su padre a la cárcel para proteger a sus hermanas...». En segundo lugar, porque posee la función de reorganizar las emociones: «Hoy consigo soportar el recuerdo del ejército chileno expulsando a mi madre y a sus hijos. Incluso siento, veinticinco años más tarde, un orgullo indefinible cuando evoco este recuerdo doloroso, desde España, mi país de acogida, que me ha confiado importantes responsabilidades». La narratividad permite constituirse en sujeto íntimo, y la narración nos invita a que ocupemos nuestro sitio en el mundo humano y a que compartamos su historia. Lo íntimamente aceptable se asocia a lo que puede compartirse socialmente. Después de este trabajo, el herido puede mirarse a la cara y reintegrarse en la sociedad.

No se trata pues del regreso del pasado, ya que esto es imposible. Cuando relato mi visita al palacio del rey Miguel de Rumania, no evoco el recuerdo de las cuatro horas de carretera hasta Constanza. Apenas me acuerdo de la densidad del bosque, de la pesadez del tiempo y de la lentitud del viaje. Condenso algunas imágenes que son significativas para mí: el aislamiento del castillo y las variaciones barrocas del estilo de cada sala, y después impregno de semántica esos bosquejos para que me permitan evocar, mediante un único destello de imaginación, ese viaje a Rumania.

Y en cuanto a la veracidad de los recuerdos, son tan reales como las quimeras. Todo es cierto en estos monstruos: el pecho es de un león, el vientre de una cabra y las alas de un águila. Sin embargo, el animal mítico no existe en la vida real. Existe en una representación que el hablante se hace de lo real y que comparte con sus compañeros de cultura.

El resultado de este doble efecto hace que las narraciones íntimas o culturales puedan construir, en el mundo psíquico, el equivalente de un vínculo protector cuando, en su día, los vínculos precoces lo tejieron mal. El vínculo precoz se impregna en el temperamento del niño sin que sus padres se den cuenta, en cambio el relato puede trabajarse de forma intencionada mediante la labor desarrollada por una psicoterapia, mediante la tarea de una creatividad artística o mediante un debate sociocultural. Todos estamos obligados a recorrer este proceso para construir nuestra identidad y hacernos un hueco en el grupo. Los heridos del espíritu deben recorrerlo con el acontecimiento traumático en su memoria, y exponiendo a los ojos de la sociedad el relato que hacen de él, lo que no significa obligatoriamente que tengan que hacer pública su herida íntima.

Todo relato es una herramienta para reconstruir el propio mundo

Algunas personas, gravemente heridas o mal acompañadas, claudican y se quedan aleladas, confusas, sometidas al pasado, rumiando un desgarro que sigue vivo. Otras, sin embargo, consiguen alcanzar la «creación de una historia interior necesaria para la supervivencia psíquica».[1] El relato escenifica hechos reales cuyo significado depende de quienes hablan de ellos. Georges Perec no ve desaparecer a quienes le rodean, pero lo que ve un día es justamente su desaparición. Durante la Segunda Guerra Mundial, pocas veces se vio desaparecer a los judíos, pero un día se comprendió que habían desaparecido. Georges recuerda que su padre estaba allí, vestido con el uniforme de soldado francés de la legión extranjera. Y luego un día..., dejó de estar allí. Se acuerda de que su madre le acompañó a la estación del Norte, y luego..., dejó de estar allí. Su mundo se vacía sin traumatismo aparente. El desgarro es enorme, invisible, y el niño no comprende nada porque no es posible observar algo que

1 M. Coppel-Batsh, «Georges Perec, romancier de la psychanalyse», en *Les Temps modernes* 604, mayo a julio de 1999, p. 199.

no está ahí. Entonces, durante sus cuatro años de citas con el psicoanalista, «desmenuza el caparazón de los refugios de su racionalización» y recupera recuerdos que, para él, se convierten en acontecimientos que reparan su inmenso desgarro: «Me habría gustado ayudar a mi madre a recoger la mesa de la cocina».[2] Se da uno perfecta cuenta de que, para que nos guste un recuerdo como este, lo que ha debido ocurrir es justamente que no se haya tenido madre. Un acontecimiento no es lo que se puede ver o saber de él, es lo que se hace con él cuando nos resulta necesario para llegar a ser alguien. La trivialidad más sosa contiene en su seno el germen de un gran acontecimiento interior, con la condición de que proponga al herido un lugar y un procedimiento que le permitan sumergirse en busca de los recuerdos perdidos. El acontecimiento es lo que hacemos con lo que nos ocurre: una desesperación o una gloria.

De hecho, en la consideración posterior, en la representación del hecho, es donde nace la emoción que provoca el acontecimiento. Lo que el herido piensa de lo que le ha ocurrido, y el sentimiento que eso le hace experimentar, dependen tanto del relato que se cuenta como del relato que elabora para los demás, narraciones a las que habrá que añadir el relato que confeccionen estos últimos. El sentimiento atribuido al acontecimiento nace en la confluencia de todos estos mundos intersubjetivos.

La narración puede configurar la emoción de maneras muy distintas en función de la actitud de quien escucha y del contexto cultural. El herido puede oír: «Está usted exagerando», «no tenemos pruebas de lo que dice», «pobre amigo mío, con lo que le ha ocurrido ha quedado usted fastidiado para toda la vida», «pobrecito, no tenga miedo,

2 G. Perec, *W ou le souvenir d'enfance*, París, Denoël, 1975 [trad. cast.: *W o el recuerdo de la infancia*, Barcelona, Edicions 62, 1987].

estoy aquí», «cuénteme los detalles de todo ese horror, me resulta fascinante», «usted se lo ha buscado», «le admiro por haber salido adelante»... Invente usted una frase, cualquier frase, y esté seguro de que se ha pronunciado.

Esto no impide que la estructura narrativa del herido al contar su historia revele el sentimiento que experimenta. Sin embargo, la emoción de su mundo íntimo emana de fuentes totalmente diferentes: de su propia sensibilidad, impregnada en su memoria por la afectividad de sus allegados, del significado que atribuya al acontecimiento, y del sentido que se desprenda de su contexto cultural.

Antoine quedó fuertemente conmocionado cuando el charcutero le regaló el reloj de su padre. Y no es que no fuese bonito ese reloj de bolsillo, con su cadenita y su tapa grabada. Pero el chico, que quería liberarse de su familia de acogida, se había sentido muy angustiado cuando el bueno del charcutero se propuso transmitirle su oficio. El regalo significaba que el padre de acogida deseaba que el niño continuara la cadena y siguiese trabajando, de modo que pudiese convertirse en el «báculo de su vejez», como había dicho. En semejante contexto, el regalo del reloj significaba la inscripción de Antoine en la estirpe de los charcuteros. «Mi padre era charcutero. Te doy su hermoso reloj, tal como él me lo dio a mí. De este modo, perpetúo la transmisión del testigo de una a otra generación». Ahora bien, eso era exactamente lo que Antoine temía: trabajar toda la vida para esta familia, ya que su adultismo le permitía liberarse de ella. El bonito reloj se convertía así en un objeto generador de angustia. Y efectivamente, el comportamiento de Antoine cambió después del acontecimiento del regalo: se volvió frío como el hielo y marcó las distancias.

Entonces, ¿por qué contar relatos? Imaginemos que un día, se encuentra usted de vacaciones. Se ha producido, el 11 de septiembre, un atentado increíble en Estados Unidos. Solo se habla de eso, ese acontecimiento inaudito satura nuestra mente. Está usted en la playa, en la cola de un puesto de helados. De repente, surge un camarada científico y, durante dos minutos, pronuncia un relato incoherente en el que, no obstante, se ha convenido incluir tres palabras: «bandera», «agua azul», «música divina». Después, ha de salir corriendo.

¿Podría usted no decir nada, no expresar ninguna emoción? La sorpresa ha creado en usted una sensación de acontecimiento. Sonríe, se hace el extrañado, y se aventura a realizar alguna interpretación. Sin embargo, cuando se recogen los relatos pronunciados, se ve aparecer lentamente una regularidad: ¡la interpretación que realiza usted de este acontecimiento insólito habla en realidad de su contexto cultural![3] Cuando estamos en una playa, esperamos que las personas tengan «comportamientos de playa»: que se tumben en la arena, se bañen, jueguen con un balón, o hagan cola para comprar un helado. Si surge algo que usted no espera, esa circunstancia provocará un pequeño desgarro en las expectativas que usted tiene en ese tipo de situación. Entonces, por qué siente usted la necesidad de decir: «Ha hablado de "bandera", así que debe ver atentados por todas partes». Otros testigos han dicho: «Yo he oído "agua azul": el que ha hablado piensa que hay una guerra bacteriológica». «No hombre, en absoluto», replican algunos. «Con los tiempos que corren, está tan estresado que ha sufrido un delirio místico. Tiene alucinaciones de "música divina"». Usted ha percibido correctamente el aspecto insólito de un guion que no se adapta al contexto de la playa, pero para calmar su pequeño sobresalto mental, ha experimentado la necesidad de conferir sentido a esa incoherencia. De este modo, ha integrado el acontecimiento en el contexto cultural que

3 J. Bruner, *Car la culture donne forme à l'esprit: De la révolution cognitive à la psychologie culturelle*, París, Eshel, 1991, pp. 57-77.

supone para usted materia de preocupación —en cierto sentido, ha procedido a la digestión de los acontecimientos—. Sin la integración del hecho en un relato coherente y adaptado a su contexto, usted quedaría desconcertado, sin habla, sin visión, y no podría responder a ese mundo trastocado. Ninguna conducta clara sería capaz de hacer que la paz regresara a su interior.

Un relato es una representación de actos provistos de sentido, una escenificación de secuencias de comportamiento, una disposición de imágenes reorganizada por medio de palabras. Si el hecho de decir «bandera», «agua azul» y «música divina» no tiene sentido, el observador quedará desorientado. Por el contrario, si el contexto cultural permite interpretar y dar sentido a estas incongruencias, entonces el observador volverá a ubicarse. Toda percepción de un acontecimiento exige de entrada un acto de absorción psíquica. Y en cuanto el sujeto logre atribuirle un sentido se sentirá mejor, porque su mundo se volverá claro y orientado, lo que le permite saber qué es lo que tiene que hacer. En el centelleo de la percepción, lo que se ve y lo que se oye se encuentra ya impregnado por nuestra subjetividad, por nuestra historia íntima y por nuestro contexto cultural.

Los relatos «pueden ser "reales" o "imaginarios" sin que pierdan nada de su fuerza como narraciones».[4] Lo que cuenta es que la narración sugiera un motivo. «Ha gritado "bandera" debido al atentado, para avisarnos de que ha visto algo». Todo relato es una herramienta con la que construimos el mundo. Y si nos sentimos mejor en ese mundo tan pronto como nos resulta posible ver lo que estamos haciendo en él es porque la orientación, el sentido que atribuimos a lo que percibimos, nos hace abandonar lo absurdo y nos proporciona una razón.

4 *Ibid.*, p. 58.

Debatirse y después soñar

Para identificarnos y ocupar un lugar en nuestra cultura, todos nos vemos obligados a realizar este trabajo de confeccionar el relato de nosotros mismos, pero algunos relatos son difíciles de hacer. Todo lo que puede decirse no es equivalente: «A mí, mi padre, me ha comprado una bici», no es sinónimo de: «A mi padre lo fusilaron delante de mí». Se puede decir, encontrando en ello un grato placer: «Descubrí la emoción sexual al besar a una prima en la mejilla, muy cerca de los labios». Pero cómo confesar: «Descubrí el placer sexual a los 11 años, el día en que mi padre se metió en mi cama: "Vergüenza, placer, angustia y miedo"».[5] Lo que expulsa a un niño de su cultura, es lo que usted deja que se le escape al oír este relato, una mímica de horror, una sonrisa que se petrifica.

Cuando vivimos en la angustia, todo grito de sálvese quien pueda otorgar una esperanza loca. ¿Cómo salir adelante si no? La ensoñación permite llenar el mundo íntimo con un sentimiento provocado por el relato que inventamos. Nos sentimos mejor, el pasado se vuelve ligero, lo real se suaviza. Sin embargo, esta ensoñación es una forma de protección, un equilibrio frágil. Para que se convierta en resiliente, la ensoñación debe correr pareja al ideal del yo. La ensoñación es un instante íntimo en el que escenificamos en nuestro espacio interior un sainete imaginado, una especie de muestra de nuestros deseos: «Si él hiciera esto..., entonces yo le diría...». Lo que el soñador «proyecta ante él como ideal de su yo es el sustituto del perdido narcisismo de su infancia».[6] Cuando un bebé experimenta una emoción, la expresa con todas sus fuerzas, sin negociar nada con su entorno. Solo cuando comprende que toda realidad es una

5 N. de Saint-Phalle, *Mon secret*, París, La Différence, 1994, p. 5.
6 S. Freud, en J. Laplanche y J.-B. Pontalis, *Idéal du moi*, París, PUF, 1967, p. 184.

limitación y que es preciso tener en cuenta el mundo de los demás, renuncia el niño a su omnipotencia. Sin embargo, para soportar esta limitación, inventa un mundo de representaciones íntimas en el que sigue realizando sus deseos. Entonces, experimenta los sentimientos que desencadenan los sueños. Cuando un adolescente sueña que un día obtendrá el premio Nobel, que todo el mundo le mostrará su gratitud por ello, y que, pese a su inmenso éxito, seguirá mostrando una sencillez maravillosa, el joven soñador se deleita con su propia e inventada imagen.

La actitud resiliente consiste en preguntarse: «¿Qué voy a hacer con mi herida? ¿Voy a refugiarme de vez en cuando en la ensoñación y a extraer de ella átomos de belleza que me permitan convertir lo real en algo soportable, que me permitan incluso, alguna que otra vez, embellecerlo?». Una modalidad de defensa no resiliente diría: «Voy a vivir en un mundo de imágenes y de palabras aislado de esta realidad intolerable. ¿Qué ocurre en mi interior? ¿Cómo es que invento relatos de un yo maravilloso cuando me veo obligado a constatar que mi realidad es lastimosa?». Las dos vertientes del ideal del yo se hallan muy próximas la una de la otra. Un simple encuentro, un lugar para poder expresarse o un acontecimiento podrán espolear al herido y encaminarle en la dirección de la creatividad resiliente o en la de la mitomanía que mezcla la gloria imaginaria con la humillación producida por lo real. En este sentido, la creatividad sería una pasarela de resiliencia entre la ensoñación que sosiega y un imaginario aún por construir. Por el contrario, la mitomanía, que es el fracaso de la resiliencia, simplemente fabricaría una máscara para la vergüenza.

Cuando lo real nos desespera, la ensoñación constituye un factor de protección. Tuve ocasión de conocer a un escritor polaco que había sido deportado a Auschwitz por un conflicto mínimo con un oficial alemán. Idiotizado por lo real, embrutecido por lo que veía, buscaba refugio zambulléndose en frases de Proust, y procuraba recordarlas como quien forcejea para no ahogarse. Como el esfuerzo de recordar una sola frase le llevaba un cuarto de hora, conseguía crearse gracias a Proust unos cuantos islotes de belleza en una realidad aterradora. En ese contexto, su recurso constituía un factor de protección, ya que la ensoñación sustituía una realidad insoportable. Si, tras la Liberación, hubiera seguido refugiándose en su ensoñación, habría adquirido un déficit de socialización, ya que se habría aislado de las relaciones interpersonales. Al haber cambiado el contexto, el exceso de ensoñación que le había protegido corría ahora el riesgo de convertirse en un obstáculo para su socialización. Entonces, encontró una pasarela de resiliencia entre la ensoñación y su contexto social: se hizo traductor de Proust.

Según el contexto, este mecanismo de defensa puede resultar constructivo o destructivo. La regla consiste incluso en que la reacción de todo niño o de toda persona que se encuentre en una situación difícil sea la de debatirse, para luego, inmediatamente después, empezar a forjar sueños y a comprobar escenarios imaginarios. Cuando uno padece una agresión, lo primero que hace es sobresaltarse, y después intenta comprender lo que ha sucedido para encontrar una solución. El activismo y la ensoñación son los dos factores de defensa en una situación de urgencia. El altruismo, la sublimación, la anticipación y el humor, que son otros factores de resiliencia, requieren la perspectiva del tiempo.

Nuestros maestros de ensoñación son los artistas, ellos son los que escenifican nuestros debates interiores, los que componen imágenes con nuestros conflictos sociales, los que conciben relatos con las pruebas que padecemos. Transforman en poesía nuestros sufrimientos indecibles. Un artista que describiera la realidad obscena sin transformarla sería un autor indecente, un agresor más. Sin embargo, el que sabe transfigurar la realidad insoportable para darle una forma comprensible y susceptible de ser compartida, ese nos ayuda a dominar el horror.

Anna Freud hablaba de los «fantasmas gracias a los cuales se invierte la situación real».[7] En el momento del desgarro traumático, nos debatimos lo mejor que podemos, pero inmediatamente después, la ensoñación da forma, mediante imágenes, al regreso de la esperanza. Entonces, tan pronto como encuentra a una persona a la que dedicar la representación de lo que sucedió, el herido empieza a recuperar el control de su historia. Sin embargo, este trabajo es lento, ya que, tras la urgencia de la refriega y de la ensoñación, la reparación del desgarro necesita una cascada de encuentros. El herido debe aprender a expresar su herida de forma aceptable. El estilo se convierte en la herramienta de su comunicación, ya que resulta indecente decir las cosas tal cual son. La elegancia, el amaneramiento, la alusión, la irrisión, el énfasis, el humor o cualquier otro modo de expresión, permiten realizar este trabajo. En la vida, «hay cosas tan pesadas de llevar que solo se puede hablar de ellas con ligereza».[8] El teatro, la pintura o la construcción de teoría participan en este trabajo de aligeramiento. Cuando la mirada remota de la comprensión intelectual mantiene a distancia el regreso de la emoción, el herido recupera un poco el dominio de sí mismo.

Esta es la razón de que la escritura permita tan a menudo este trabajo consistente en remendar el yo rasgado. Gracias a ella, puedo entreabrir la cripta que contiene las cosas indecibles, puedo dar la palabra a los fantasmas aherrojados que surgen cada noche en mis pesadillas. El 50 % de las escritoras y el 40 % de los escritores han padecido acontecimientos traumáticos graves en su infancia. Es un porcentaje mucho

7 A. Freud, *El yo y los mecanismos de defensa*, Barcelona, Paidós, 1993. *(N. de los T.)*

8 M. Bellet, *Les survivants*, París, L'Harmattan, 2001.

más elevado que el observable en la población general, y es infinitamente más significativo que el 5 % que se orienta hacia la política y las escuelas superiores.[9]

La casa de fieras imaginaria y la novela familiar

Los niños que no saben escribir o que no dominan suficientemente su representación del tiempo para componer un relato se cuentan cada noche dos tipos de fábulas: el folletín del compañero imaginario y la novela familiar.

La casa de fieras imaginaria desempeña un papel principal en el desarrollo del psiquismo de un niño. Todos los niños, antes de acostarse, saben que, para dormir, deben abandonar lo real para dejarse deslizar al otro mundo, el del sueño. Para que se atreva a soltar el asidero de lo que le ancla a lo real y se deje deslizar hacia un mundo de sombras en el que pueden surgir todos los fantasmas debe haber pasado un buen día y adquirido la confianza suficiente. Por eso, el niño inventa una etapa intermedia en la que imagina la existencia de unos seres extraños pero familiares, unos seres que no le son totalmente desconocidos. Cada noche, representa para sí mismo la escena del niño pequeño que invita a su cama a Pernou, el simpático compañero invisible a quien él imagina mitad hombre y mitad perro, y a Perguit, otro compañero que es medio animal y medio hombre. Protegido de este modo por esas buenas compañías que acaba de inventarse, se atreve a intentar la aventura de zambullirse en las tinieblas. Los animales imaginados pueblan esa zona intermedia entre el padre familiar que le protege y lo desconocido que le angustia. Aunque el niño sabe perfectamente que él es el autor de

9 A. de Cacqueray y J. Dieudonné, «Familles d'écrivains», en *Archives et culture*, 2000.

estas criaturas intermedias, no por eso deja de sentirse mejor, ya que lo que experimenta es el sentimiento que acaba de suscitar en él el mundo que ha inventado. Su imaginario actúa sobre su realidad íntima, los dos «compañeros» imaginarios modifican su mundo interior, calman su angustia y le invitan a abandonarse al sueño en buena compañía. No existe creación sin efecto. Todo lo que se inventa actúa sobre el psiquismo de quien lo inventa.

Desde sus primeras obras, Freud subraya la importancia de la novela familiar cuando el niño se construye un relato o se cuenta en su fuero interno que su familia no es su auténtica familia:[10] «Lo que me ha llevado a casa de estas personas es un accidente de la vida. Sé que soy una princesa, por eso me parezco tanto a la reina Fabiola. Además, un día, vi a los que pretenden ser mis padres hablando con un extraño vagabundo. Sin duda le estaban dando el dinero que le habían prometido por mi secuestro...». La chiquilla que se cuenta esta fábula y la perfecciona con cada nuevo indicio, trabaja en su interior más hondo para desarrollar, por medio de este cuento, la sensación de autonomía que acaba de nacer en ella. «Descubro que mis padres no son los seres excepcionales que pensaba. Tengo ganas de identificarme con personas que se correspondan mejor conmigo, y, ya que estamos, ¿por qué no con una reina? El angustioso deseo incestuoso que he experimentado no debe culpabilizarme, ya que los hombres de mi familia no son ni mi verdadero padre ni mi verdadero hermano. Por consiguiente, he experimentado un sentimiento normal». No crean que esta novela familiar constituya una manifestación de desprecio hacia los verdaderos padres. Se trata casi de lo contrario. El niño, al crecer, descubre los límites de sus padres reales. Siente la nostalgia

10 S. Freud, *Cartas a Wilhelm Fliess, 1887-1904*, carta del 2 de mayo de 1897, Buenos Aires, Editorial Amorrortu, 1994. *(N. de los T.)*

de su admiración pasada, pero, gracias a la novela familiar, evita la decepción y preserva en lo profundo de sí mismo el delicioso sentimiento que experimentaba cuando sus padres aún conservaban su prestigio. Así es cómo una creación imaginaria elabora un sentimiento experimentado en la realidad. Más tarde, cuando el niño ya crecido o el adolescente conozca a un compañero que comparta un imaginario similar, procederán ambos a convertir sus imágenes en una ensoñación colectiva, ensoñación que habrá de proporcionarles la prueba de que el sentimiento que experimentan tiene un buen fundamento, ya que el otro también lo alberga. La creencia se pone en marcha, modificando lo real y arrastrando a los fieles al deleite..., o al horror.

Por consiguiente, la ensoñación puede modificar la manera en que percibimos lo que nos rodea, transformando, por así decirlo, el sabor del mundo. Todos experimentamos este tipo de sentimientos. Sin embargo, a partir de una competencia común, el cambio de agujas que orienta nuestro rumbo podrá encaminarnos en direcciones diferentes en función de los tutores afectivos, sociales y culturales que nuestro entorno haya dispuesto a nuestro alrededor.

«Mientras que la sublimación tiene en cuenta la existencia del prójimo, la ensoñación es una expresión del narcisismo».[11] Si el entorno está vacío, el sujeto se verá prisionero de su refugio, y se arriesgará a quedar encerrado en él, como sucede en la mitomanía. Pero si consigue encontrar a una persona que le invite a realizar el esfuerzo de transformar su ensueño en creación, entonces el herido podrá construir una pasarela de resiliencia.

Un niño traumatizado que no sueña queda sometido a una realidad que le desmantela. Por el contrario, un niño

11 S. Ionescu, M.-M. Jacquet y C. Lothe, *Les mécanismes de défense: Théorie et clinique*, París, Nathan, 1997, p. 253.

quebrado que se refugia en la ensoñación hasta el punto de aislarse de lo real sufre un déficit de socialización. Solo el niño herido que se proteja mediante la ensoñación y que encuentre a alguien que le pida que haga el esfuerzo de crear algo tendrá posibilidades de construir su resiliencia.

Huir de la realidad o someterse a ella son dos mecanismos de defensa tóxica. Por el contrario, protegerse de una realidad que nos agrede y extraer del imaginario algunas razones para transformarla constituye un mecanismo de defensa resiliente. «De sus heridas infantiles, del peso de los recuerdos enterrados, los artistas extraen nuevas fuerzas al reinventar su historia. Cercana al sueño [...], esta transformación de uno mismo tiende a ampliar nuestro estrecho concepto del individuo».[12]

Dar forma a las sombras para reconstruirse. La omnipotencia de la desesperación

Me gusta decir que lo que no puede decirse puede siempre «para-decirse». Este calamitoso juego de palabras permite indicar el desafío que representa la transformación cuando una desventaja, un sufrimiento o una vergüenza se transmutan, tan pronto como se les hace frente, en un florecimiento personal. Todo héroe bien educado debe superar una prueba, como si se tratara de una etapa que ha de cruzar en su camino hacia la luz. Un traumatizado, por su parte, no tiene elección, ya que el quebranto está ahí, junto con la rotura que le conmociona y le pone en el disparadero de tener que escoger entre el aniquilamiento o la pelea: «Creí realmente que iba a sucumbir. El hecho de que la vida pierda de ese modo

12 J.-P. Klein y E. Viarm, «L'art, exploration de l'intime», en *Cultures en mouvements* 34, febrero de 2001, p. 23.

todo sentido es un sufrimiento inigualable. [...] Entonces me limité a no ser más que una actividad desbordante, y descubrí en mí la omnipotencia de la desesperación».[13] Cuando nos vemos empujados a la muerte, la defensa de urgencia consiste en debatirnos, pese a que, a veces, sintamos la tentación de abandonarnos, deslizándonos al abismo. Si nos dejamos fascinar por esta última salida, nos convertiremos en nihilistas, y, privados de un punto de anclaje, quedaremos a la deriva cuando seamos víctimas de los golpes de lo real. Por el contrario, si afrontamos lo absurdo de la vida antes de que la nada se nos imponga, podremos colmar esa nada y convertirnos en seres creadores.[14]

El camino del hombre normal no está exento de pruebas: se golpea contra las piedras, sufre arañazos en los espinos, duda en los pasos peligrosos, y al final, pese a todo, ¡avanza! Por su parte, el camino del traumatizado es un camino dislocado. Hay un agujero, un derrumbe que conduce al precipicio. Cuando el herido se detiene y vuelve sobre sus pasos, se convierte en prisionero de su pasado, con una actitud que puede ser fundamentalista, vengadora o sumisa frente a la proximidad del precipicio. El resiliente, a su vez, tras haberse detenido, retoma una andadura que tiene una orientación lateral. Ha de abrirse un camino nuevo, teniendo en la memoria el borde del precipicio. El peatón normal puede volverse creativo, mientras que el resiliente, en cambio, está obligado a serlo.

Cuando lo real percibido es inasimilable, el niño crecido tiene la sensación de haber estallado: «¿Por qué ahí, o allá, o en otro lugar? ¿Por qué eso, en vez de otra cosa?». Su identidad rota ha perdido la capacidad de tratar las informaciones del mundo y de adaptarse a ellas. Dar forma a esta rotura, en

13 Hölderlin (1797), *Hypèrion*, París, Gallimard, 1973, p. 21 [trad. cast.: *Hiperión o el heremita en Grecia*, Madrid, Ediciones Hiperión, 2003].

14 J. Russ, *Le tragique créateur*, París, Armand Colin, 1998.

esto consiste la urgencia de recuperar el control. Al construir una coherencia en el mundo que percibe, el niño se concede la posibilidad de una respuesta adaptativa: huir, someterse, seducir al agresor, afrontarlo o analizarlo para poder controlarlo.

El mecanismo habitual de la defensa urgente es el síntoma, un fenómeno observable que expresa una parte del mundo íntimo invisible. Tan pronto como el síntoma ilustra la sensación de que el mundo interior ha quedado pulverizado, el sujeto se siente mejor, ya que es capaz de situar la imagen de su propia desgracia. Discierne de dónde viene el mal, y puede al fin nombrarlo. Este dibujo realizado por el cuerpo da forma a la confusión y hace que el sufrimiento pueda comunicarse: «Puedo incorporarme a un grupo y expresar lo que siento. Puedo consultar a un médico y mostrarle un síntoma. Ya no estoy solo en el mundo. Ahora sé lo que debo afrontar y cómo conseguir la ayuda de aquellos que están próximos a mí y a mi cultura». «Esta figuración es un avatar de la angustia, un descenso a los trazos que componen la imagen, [...] una transformación de lo real inasimilable [en una forma] que transforma el trauma y lo regula».[15] Durante un cierto tiempo, cuando un trauma desgarra, pulveriza o quiebra de forma más o menos grave la personalidad, el herido queda desorientado, sin identidad: «¿Qué me pasa? ¿Qué debo hacer en una situación como esta?». Si en su memoria alterada perdura el recuerdo de la persona que antes era, de la familia que le rodeaba, transportará consigo la sombra de su pasado, sombra que será un testigo extraño, una prueba impalpable de que un día fue alguien: esto significa por tanto que aún queda, en el fondo de su yo quebrado, una afirmación vacilante, una presencia procedente de otro lugar, un rescoldo de vida: «Cuando retomo mi camino, cuando vuelvo a ponerme al sol para recuperar una

15 C. Masson, *L'angoisse et la création*, París, L'Harmattan, 2001, p. 19.

felicidad sencilla, veo la sombra que proyecto: es la de mis padres muertos. Soy una imagen real, soy un chico, juego mal al fútbol, tengo muchos amigos, pero los demás ven perfectamente que hay dos sombras en mí, y entonces desconfían y me consideran espantadizo». «¿Qué le pasa a ese chico? Es guapo, simpático, y de repente, se queda atascado mientras habla. Se calla cuando hablamos de nuestros padres y se pone rígido cuando le saltamos al cuello. ¿Qué le pasa a ese chico? Nos encandila, pero también nos inquieta. Incluso cuando está con nosotros permanece en una remota lejanía, de donde nos trae una fotografía anticuada con los bordes dentados. La observa a menudo, es la foto de sus sombras. A veces le llega un objeto de su lejanía, una caja de cartón con las esquinas aplastadas, una moneda de un país extranjero, una llavecita de oro, sin duda un legado de su sombra paterna».[16] Dar forma a la sombra es volverse a construir tras la pulverización traumática. Dar forma a la sombra es el primer paso de la creación artística. El nombre que llevo es el de mis sombras. Es la prueba social de que sin duda han existido. Mis fantasmas han sido reales. Mi historia ha adquirido el peso de la historia de mis sombras. ¿Cómo se sopesa una sombra? ¿Se esconde uno a la sombra para dejar de tener sombra? ¿Se funde uno en la masa y busca el anonimato para convertirse en persona? Con todo, cuando se desea vivir a pesar del peso de las sombras, uno transforma su nombre y, para poder esconderlo mejor, lo destaca: «Me llamaré Niki de Saint-Phalle. Este criptónimo cruzará el mundo y ocupará su lugar en la humanidad de la que ya fui expulsada a la edad de 11 años, cuando mi padre, ese importante banquero al que tanto quería, se metió en mi cama. Combatiré mi exilio, esculpiré imágenes de tías con una diana en el sexo, daré a mi sombra encarnadura y haré material mi

16 G. Perec, *W ou le souvenir d'enfance*, *op. cit.*

trauma. Una vez hecho esto, estas criaturas expulsadas de mi mundo íntimo permitirán que mi nombre se vuelva aceptable. Me reincorporaré al mundo de los humanos con mi herida, a la que habré convertido en una obra de arte».[17]

Situar fuera de uno mismo la cripta traumática enquistada en el psiquismo constituye uno de los más eficaces factores de resiliencia. Para eso es preciso que el niño mutilado se haya vuelto capaz de encontrar un modo de expresión que le convenga y un espacio de cultura dispuesto a su alrededor.[18]

La escritura ofrece muy pronto ese procedimiento para la resiliencia, ya que permite situar fuera de uno mismo, para volverla visible, objetivable y maleable, un sufrimiento impregnado en el fondo de uno mismo. Resulta misterioso el deseo que experimentan muchos niños traumatizados y que los lleva a convertirse en escritores, pese a que aún no sepan escribir. Escribir no es decir. Cuando refiero mi herida, las mímicas del otro, sus exclamaciones, o incluso sus silencios modifican mis emociones. Su simple presencia muda le ha convertido en coautor de mi discurso. Ya no soy el único dueño de mis deseos. Tengo dificultades para recuperar el control de mi percepción del pasado. El auditor ha modificado mis intenciones. Y a la inversa, cuando escribo con las palabras que busco y al ritmo que me resulta propio, saco fuera de mí mismo, alumbro sobre el papel, la cripta que cada noche dejaba escapar varios fantasmas. Tal como Niki de Saint-Phalle se reincorpora al mundo de los humanos gracias a su artesanía de «tías» con una diana en el sexo, Francis Ponge saca fuera de sí un objeto literario cuya función íntima será la de repararle: «Desde que he empezado a escribir, todo sucede como si corriese "tras" la estima de cierta persona».[19] La escritura es un alegato. Toda novela coloca sobre el esce-

17 N. de Saint-Phalle, *Mon secret*, *op. cit.*
18 N. Abraham y M. Torok, *L'écorce et le noyau*, París, Flammarion, 1987.
19 F. Ponge, *Le parti pris des choses*, París, Gallimard, 1948, p.105.

nario a un héroe que rehabilita. La obra prolonga el aparato físico y otorga una forma esculpida o escrita a la sombra que el herido lleva consigo, «este espacio es un fuero externo que contiene una delegación de representantes del fuero interno».[20] El espacio de la obra es el espacio de la cripta, el teatro en el que actúan los fantasmas. «Y comprendí que todos esos materiales de la obra literaria no eran sino mi vida pasada»,[21] escribe Proust, un experto evocador de sombras.

Los libros del yo modifican lo real

Erich von Stroheim, autor de sí mismo, ha consagrado su vida a metamorfosear su doloroso pasado. Si lo hubiera convertido en un relato realista, habría dicho que había nacido en Viena, que sus padres eran unos judíos piadosos que vendían sombreros,[22] y todo el mundo se habría muerto de aburrimiento. Habría contado que al final de su vida, tras haber conocido la gloria en América, se había arruinado, derribado por una serie de desastres. Su hija, que había sufrido una grave quemadura en el rostro, no podía abandonar el hospital, su hijo corría un riesgo mortal, y se vio en la obligación de venderlo todo para pagar la pensión de su mujer. Entonces, sus amigos le encontraron un trabajo como corrector de guiones, un trabajo en el que Erich «inventó» unas heroínas desfiguradas, atendidas por unos médicos pobres, pero tremendamente admirables, y unos célebres

20 C. Masson, *L'angoisse et la création*, *op. cit.*, p. 154.

21 M. Proust, *À la recherche du temps perdu*, tomo VII, Le temps retrouvé, París, Gallimard, 1989, p. 206 [trad. cast.: *En busca del tiempo perdido. Tomo 7: El tiempo recobrado*, Madrid, Alianza Editorial, 1966].

22 F. Lignon, *Erich von Stroheim: Du ghetto au gotha*, París, L'Harmattan, 1998, p. 316.

psiquiatras derribados por la adversidad y que se parecían... a quien usted tiene en mente.

Cuando el mundo exterior es gélido y doloroso, la ensoñación es una defensa que protege del horror de lo real mediante la creación de un mundo íntimo y cálido. Cuando la ficción consigue actuar sobre los hechos, lo real queda poetizado, pero si uno se aísla excesivamente de lo real, la ensoñación puede convertirse en un delirio lógico o en una mitomanía. Charles Dickens ingresó a los 10 años en una fábrica de betún en la que trabajaba doce horas al día y donde las relaciones humanas eran desesperadas. Después fue enviado al colegio de Wellington House, donde se consideraba que era necesario y moral pegar todos los días a los chicos para meterles en cintura. A partir de los 15 años, el niño organizó lecturas públicas en las que contaba, remedándolas, las pruebas de su vida, que ya se disponía a escribir.[23] Un día en que le parecía que era realmente muy difícil vivir así, pasó delante del castillo de Gad's Hill Place, cerca de Chatham, y se puso a soñar que residía en él y que el simple hecho de vivir rodeado de tanta belleza le hacía feliz. Algunos años más tarde, convertido en una persona increíblemente famosa y rica, comprará el castillo..., y seguirá sin ser feliz. Sin embargo, el castillo soñado le había protegido, e incluso le había hechizado, ya que le había permitido construir en su espacio interior un mundo lleno de esperanza y de belleza.

La transformación provocada por la lectura ya no guarda relación con la angustia de la muerte, sino con la lucha contra el horror. El relato deja de ser metafísico, no nos dice dónde habremos de vivir hasta el fin de los tiempos, sino que aloja en nosotros la esperanza de transformar lo real.

La literatura de lo íntimo ha tardado mucho en aparecer sobre la faz de la tierra. Al principio, el «yo» fue un acto

23 P. Ackroyd, *Dickens*, *op. cit.*

notarial («yo poseo tres cabras, vendo dos, y lo rubrico»). Después, se convirtió en un relato interiorizado que era considerado íntimo cuando en realidad seguía siendo social («yo conocí al rey», «yo partí a la guerra»). El «yo» moderno, el que se atreve a relatar sus viajes por el mundo interior, es muy reciente, pese a que, a veces, algunos grandes nombres, como los de san Agustín o Jean-Jacques Rousseau, hayan podido eludir la limitación social e intentar esa aventura personal. «A partir del siglo XVIII, la explosión de la literatura íntima atestigua de hecho la existencia de una nueva concepción social de la intimidad de la persona».[24] Y a la inversa, una de las primeras manifestaciones del totalitarismo consiste en quemar los libros para impedir la expresión de mundos mentales diferentes. La dictadura implica el gobierno de las almas, hasta el punto de que la política de la confesión se convierte en el medio con el que se controlan los mundos íntimos. De este modo, la existencia de una literatura de los mundos interiores podría proporcionar la prueba del grado de democracia de una sociedad.

Desde que adquirieran ímpetu, en el siglo XVIII, los escritos íntimos han tenido un efecto terapéutico: un vidriero «escribe todos los días para recordar a su mujer, fallecida cinco años antes».[25] Esta escritura le permitirá seguir viviendo un poco más de tiempo con ella y alimentar en el presente algunos hermosos momentos del pasado. Esta es una función defensiva que se ve reforzada por la acción depuradora del tiempo y por la invención del recuerdo. De hecho, quizá sea eso lo que le confiere su efecto resiliente: escribir para reorganizar la emoción, para hacerla soportable, para embellecerla, para expresar el propio mundo íntimo con el fin de huir de las presiones sociales.

24 G. Gusdorf, *Les écritures du moi*, tomo II, París, Odile Jacob, 1990, p. 200.
25 P. Ariès y G. Duby, *Histoire de la vie privée*, *op. cit.*, p. 158.

Escribir la propia herida es también variar la forma en que se afirma el sujeto. El pasado hablado crea una intersubjetividad, mientras que el pasado escrito se dirige al lector ideal, al amigo invisible, al otro yo. Esto significa que el mundo escrito no es en absoluto una traducción del mundo hablado, sino la invención de una conciencia añadida, la adquisición de una fuerza con la que plantarse frente a los demás.

Cuando el desvelo por la infancia se convirtió en una preocupación social, los cuentos de Perrault o de los hermanos Grimm, sin dejar de dirigirse a los niños, narraban su situación social. El cuento de Pulgarcito habla del abandono, Piel de asno del incesto, en una época en la que los niños eran con frecuencia bocas que no podían alimentarse y en la que los padres incestuosos no solo no eran enviados a prisión, sino que incluso eran invitados a la boda de su hija: «Ella declaró que no podía desposar al príncipe sin el consentimiento del rey su padre; por consiguiente, él fue el primero a quien se envió una invitación».[26]

La literatura de la resiliencia actúa más en favor de la liberación que de la revolución

En el siglo XIX aparece una literatura de la resiliencia muy hermosa en la que los niños pequeños son arrancados a su tierno hogar. *Sans famille* habla de la inverosímil condición de los obreros, cuyos allegados morían de hambre tan pronto como sufrían el primer accidente laboral.[27] *Los miserables* da vida a Cosette, portavoz de miles de niñas abandonadas y explotadas. *Oliver Twist* y *David Copperfield* son una especie de autobiografías en tercera persona en las que

26 C. Perrault, «Peau d'Âne», en *Vieux contes français*, París, Flammarion, 1980.
27 H. Malot, *Sans famille*, París, Hachette, 1933.

el pequeño héroe representa al autor, el cual reorganiza de este modo su propia tragedia. Todos los relatos de resiliencia tienen la misma estructura narrativa. Cuentan la historia edificante de un hermoso niño que ha perdido su familia a causa de la crueldad de unos hombres malvados. Gracias a la providencia, y a pesar de todo, terminan alcanzando la felicidad al conocer a hombres buenos. La moral de esta historia estriba en que estos niños parecían malos porque eran maltratados por los malos. Pero, desengáñense, por algo habían nacido en una buena familia, bien pensante y trabajadora. Estos niños parecían sucios, ladrones y desdichados, pero, dado que son de «buena calidad», bastará con que encuentren un sustituto familiar amable y burgués para que todo recupere su orden y la historia termine bien.

No es una literatura revolucionaria, es una literatura de la liberación del yo. El marxista Jules Vallès muestra el mismo tipo de discurso edificante. Simplemente, *L'Enfant* (1879) se convertirá en *L'Insurgé* (1886), quien se establecerá en una sociedad nueva donde la explotación del hombre por el hombre ya no existirá y donde los padres que dispensan malos tratos (como el del autor) se convertirán en padres que tratan bien a sus hijos tan pronto como la sociedad esté mejor organizada.

En el siglo XIX, el niño herido se convierte en sujeto literario porque proporciona un ejemplo que conduce a la virtud: «Así pues, no carecerá de interés la lectura de este librito en que tres niños de distintos países, de padres muy pobres, cuentan cómo después de haber sufrido llegaron a conseguir, por su trabajo, mérito y honradez, una buena posición en el mundo y toda la felicidad, desahogo y respeto que se pueda querer aquí abajo».[28]

28 Citado en A. Gianfrancesco, «Une littérature de résilience? Essai de définition», en *La Résilience: Résister et se construire*, Ginebra, Médecine et Hygiène, 2001, p. 27 [trad. cast.: «¿Una literatura de resiliencia? Intento de definición», en

En el siglo xx, los descubrimientos psicológicos no excluyen las causas sociales. Cuando un hombre es expulsado del mundo por el incesto, la deportación o la miseria, ha de recorrer la misma andadura de resiliencia que un inmigrado o un excluido. Ahora bien, la exclusión es el rumbo que caracteriza a nuestras sociedades: el 15 % de los habitantes del Occidente actual son excluidos, a lo que se añade un 50 % de africanos excluidos y un 70 % de sudamericanos. ¿Es posible devenir humano fuera de la humanidad? Si la organización de su colectividad lo permite, solo recuperarán un lugar en la sociedad si buscan el sentido de su quebranto y si vuelven a empezar a construir su identidad.[29] La autobiografía o el relato de uno mismo no es el retorno de lo real acaecido: lo que nos permite identificarnos de nuevo y buscar el lugar social que se nos adecua es la representación de esa realidad pasada.[30] Sin embargo, dado que la persona se ha convertido en un valor primordial del Occidente moderno, este trabajo íntimo, esta búsqueda del sentido privado que permite procurar la autorrealización de uno mismo constituye una prueba de democracia.

En las sociedades totalitarias se combate el itinerario íntimo, pues son sociedades en las que «uno no tiene siquiera la seguridad de tener derecho a contar los acontecimientos de su vida privada».[31] Por el contrario, en una democracia, se nos

---

La resiliencia: Resistir y rehacerse, Barcelona, Gedisa, 2003, p. 37]; E. Charton, *Mendier. Enfance et éducation d'un paysan au XVIIIe siècle*, París, Sycomore, 1981.

29 R. Shafer, «A new language for psychoanalysis», en *Psychoanalysis*, Yale University Press, 1976.

30 M. Rustin, *The Good Society and The Inner World*, Londres, Vintage London, 1991.

31 A. Soljenitsyn, *L'archipel du goulag*, París, Le Seuil, 1974, p. 110 [trad. cast.: *Archipiélago Gulag*, Barcelona, Tusquets, 1998].

invita a la «búsqueda y [a la] construcción de sentido a partir de hechos temporales personalizados».[32]

Esta oscilación entre la vida íntima y la vida pública queda ilustrada por la desaparición de las autobiografías en Francia entre 1940 y 1970. El desmoronamiento producido por la guerra y la necesidad de la reconstrucción habían dado tanta prioridad a los discursos sociales que, en tal contexto, toda expresión íntima parecía indecente. La necesidad de la reconstrucción hizo que callaran las víctimas con el fin de valorar los discursos míticos. Un papá violento resultaba impensable en una cultura que glorificaba a los padres. El hijo de unos colaboracionistas no tenía derecho a quejarse cuando la narración social abrumaba a sus padres. Y en cuanto a los padres y las madres incestuosas, habría sido obsceno evocarlos en una época en la que era preciso soñar con la reconstrucción de una familia idílica.

Después de 1970, la explosión de la literatura del yo atestigua la existencia de un cambio cultural. Tenemos paz, la sociedad es rica, se exalta la aventura de la persona. Surge entonces la pasión por la vida cotidiana de un campesino bretón, de un pueblecito de Provenza, de un explorador del polo, o de un destino extraño.

Todos cuantos leen esta literatura que muestra las andanzas de la vida privada buscan un espejo para dejar de estar solos en su intimidad. Y así es como se ven aparecer autores de un solo libro: la actriz de cine que escribe a través de la pluma de un negro, el hombre de Estado que no tiene tiempo de leer su propio libro, el personaje célebre que se convierte en emblema de un grupo social, y la miríada de gentes sencillas que escriben esos miles de libritos baratos que hoy se colocan en los expositores que flanquean la entrada de las librerías.

32 G. Pineau y J.-L. Legrand, *Les histoires de vie*, París, PUF, 2000.

Fingir para fabricar un mundo

La escritura es la alquimia que transforma nuestro pasado en obra de arte, el elemento que participa en la reconstrucción de un yo desmantelado y permite que nuestra sociedad nos reconozca. Sin embargo, antes de la escritura, otros modos socialmente valorados de la representación de uno mismo se ponen en marcha durante el desarrollo.

A partir de la edad de 15 meses un niño debe saber «fingir». Debe caerse cuando en realidad no era inevitable, debe simular llantos y sufrimientos que en realidad no experimenta, debe saber parecer amenazador, dormido, e incluso cariñoso. En una palabra, todas las actividades fundamentales de su existencia han de ser representadas en su pequeño teatro preverbal, so pena de quedar sin acceso a la alteridad. A partir del instante en que un niño se entrena en la invención de un personaje al que da vida, de un doble imaginario al que confía sus pequeñas pesadumbres, de un rol preverbal que escenifica mediante gestos, mímicas, posturas y vocalizaciones, proporciona al adulto la prueba de que ha comprendido que existe otro mundo mental distinto al suyo y de que trata de actuar sobre él valiéndose de escenarios imaginados. Al jugar a fingir, el niño inventa una ficción que expresa el cuerpo, da una forma a sus emociones para actuar sobre el mundo mental del otro. Este «fingimiento» es una proeza intelectual, ya que permite al mismo tiempo la expresión de su mundo íntimo y el dominio de la vida intersubjetiva: «Le voy a conmover con una caída. Voy a provocar su auxilio protector haciendo como que lloro». Quince meses más tarde, cuando el niño comience a dominar sus propias palabras, será con las palabras con las que habrá de realizar este mismo proceso. Al contar una historia, expresará su mundo íntimo, manipulará nuestras emociones y tejerá de ese modo el vínculo que necesita. Sin embargo, para que este mecanismo de creación de un mundo virtual adquiera eficacia, es preciso que el otro, el adulto o el compañero, responda a este fingimiento mediante una reacción que, en este caso, ha de ser auténtica, porque él no está fingiendo, sino que experimenta un sentimiento «muy de veras».

Cuando el niño está solo y su mundo se vacía, cuando lo real es aterrador y el niño se protege inventando una ficción, cuando el otro, el adulto o el compañero, no responde a ese mundo virtual, el pequeño permanece prisionero de lo que acaba de inventar. Mientras que la mentira es una defensa de carácter utilitario, la mitomanía constituye una tentativa de resiliencia pervertida porque, en torno del pequeño herido, la familia, los compañeros o la cultura no han sabido responder, y tampoco dar a esa defensa una forma que pueda expresarse socialmente.

Cuando la realidad es soportable porque no es inquietante, porque uno puede ocupar su lugar en ella y establecer relaciones en su seno, entonces la realidad se vuelve amable, interesante e incluso más divertida que los juegos de ficción. En este contexto, el niño, al jugar, aprende a introducirse en su medio. Sin embargo, cuando lo real resulta pavoroso, cuando las relaciones afectivas o sociales son peligrosas o humillantes, la fantasía permite que el niño se proteja del mundo exterior sometiéndose al mundo que inventa.

La mentira es un escudo contra lo real, y la mitomanía algo que solo esconde las miserias

La mentira protege al niño cuando está en peligro, y la mitomanía le da un sentimiento de revalorización cuando no tiene la posibilidad de poner remedio a su imagen alterada. Entonces, los relatos en los que se representa a sí mismo se vuelven demasiado coherentes para ser honestos. Lo real siempre es un poco caótico, uno se equivoca con las fechas, experimenta sentimientos ambivalentes, encuentra imágenes del pasado que a veces son divergentes, descubre un gesto de odio hacia las personas a quienes quiere o un recuerdo que resulta intrigante. El fabulador, por su parte, debe ser coherente hasta el absurdo, debe extraer de los relatos que le rodean unos trozos de verdad que pueda convertir en ficción. Un niño suficientemente arropado adquiere un vínculo sosegado y representa una ficción para entrenarse en el arte de ocupar un lugar en su entorno. El niño mitómano, por su parte, se refugia en la ficción para evitar ese mundo o para dar una imagen ventajosa de sí mismo, una imagen que le permita entrar en su sociedad. Tiene miedo del mundo real, y no obstante desea ocupar un lugar en él, así que se cuela en su interior fabricándose la imagen que su entorno espera. Esta es la razón de que los temas de la mitomanía sean los de nuestra propia existencia: éxito social, aventuras físicas, proezas militares o incluso cautivadores y pequeños logros cotidianos: «Era tan guapa..., así que dimos un paseo», cuenta el adolescente desesperado porque ni siquiera se atreve a sonreír a una chica. En el momento en que cuenta su fábula, experimenta el sentimiento que provoca la imagen que su relato transmite de sí mismo.

La carencia afectiva se encuentra en el centro de estas ficciones de compensación. Ella es la causa principal de la mitomanía, que sin embargo, puede agravarla: es una defensa fallida. La ensoñación, por el contrario, es una metáfora de nuestros deseos, ya que escenifica aquello en lo que ciframos nuestra aspiración. Después, el juego de la ficción nos adiestra en la labor de trasladar ese deseo a la realidad. Sin embargo, en la mitomanía, la persona colma en un instante, con palabras, el desierto afectivo que experimenta. No es un buen negocio. Desde luego, uno cree estar volando en el instante en el que representa el sainete de su deseo, pero el aterrizaje es triste, y como sucede con todas las drogas, muy pronto habrá que renovar la dosis.

Este «drogarse con sainetes» atestigua no obstante que existe un intento constructivo de defensa. Un niño ubicado en un contexto de aislamiento afectivo termina casi siempre dejándose arrastrar a la muerte psíquica, y más tarde, física. De vez en cuando, incluso en los casos de privación extrema, se ve resistir a uno de estos niños: es aquel que consigue crearse un mundo interior construido por él mismo a partir de algunos indicios, a partir de meras naderías. Tras haber extraído dos o tres percepciones de la realidad que le rodea, el niño las convierte en un objeto al que hipervincularse.[33] El niño concede una enorme importancia a una fotografía, al papel que envuelve un regalo, a un clavo dorado, a una cinta, a un artículo periodístico, y los convierte en un tesoro que esconde debajo de la almohada. Este objeto simboliza el vínculo perdido y después reconquistado: «Mi padre me lo habría dado», «una madre se lo habría regalado a su hijo». Esta cosa que, para un adulto, parece miserable y desprovista de significado, es una perla preciosa para su pequeño propietario, una prueba material de que es posible amar. Así es como un trozo de papel se convierte en algo que transmite esperanza. Y sin embargo, el niño sabe bien que ha inventado ese objeto y le atribuye el poder afectivo del que tan necesitado está.

Cuando el niño crecido o el adolescente fabulan, realizan la misma tarea. Inventan un sainete que escenifica sus deseos, y, en el instante en que lo representa mediante palabras y posturas, experimenta lo que acaba de inventar.

La mentira sirve para enmascarar la realidad y protegerse de ella, mientras que la mitomanía sirve para compen-

33 M. Myquel, «Mythomanie», en *Dictionnaire de psychopathologie de l'enfant*, París, PUF, 2001.

sar el vacío de lo real y colmar así una carencia afectiva. La mitomanía repara, en la apariencia, la imagen quebrada de uno mismo. La ensoñación, por su parte, da forma al ideal de sí y provoca una apetencia que invita al soñador a transformar su vida mediante el expediente de convertir su sueño en realidad.

Estos tres mundos virtuales tienen la función de proporcionar un sentimiento de seguridad. La mentira protege como una muralla, la mitomanía como una imagen seductora y la ensoñación como un puente levadizo que se abre sobre la campiña. Sin embargo, cuando no hay campiña, el puente levadizo no lleva a ninguna parte y el niño queda prisionero de lo que ha inventado. Esto quiere decir que solo la relación con el otro, con la familia y con la sociedad puede transformar la ensoñación en creatividad o, al contrario, en espejismo. La mitomanía es una tentativa de resiliencia que fracasa porque el niño magullado no ha encontrado un entorno capaz de aceptarle con su herida.

Me gusta mucho un proverbio, probablemente chino, que dice: «La fachada de la casa pertenece a quien la mira». El habitante de la casa construye una fachada para ofrecérsela como regalo al espectador. Sin embargo, cuando uno conoce los beneficios que aporta el regalo a quien lo ofrece, comprende que, de hecho, el niño postrado que se construye una fachada fabulosa intenta fabricar una pasarela afectiva entre él y quienes le rodean. Al igual que en la época en la que jugaba a «fingir», al igual que en la época en la que dibujaba un acontecimiento al que había asistido, este niño intenta someter lo real a su representación. Sin embargo, el pequeño herido no puede ofrecer al otro más que una bonita fachada de sí mismo, porque su realidad es demasiado triste. En la mitomanía, lo que ofrece es únicamente la fachada. Tras el decorado solo hay ruinas, desesperación. Al menos, habrá existido hermosamente en la consideración del otro, habrá compartido con ese otro un bello sueño. Es el miserable beneficio que le aporta el regalo de una fachada que oculta los escombros.

Cuando uno desbarata su escenificación, le hiere doblemente. En primer lugar, le envía de vuelta a su realidad sórdida, y en segundo lugar, le humilla al descubrir la superchería. Entonces huirá para eludir la realidad y salvar la fachada, su dignidad imaginaria. En cualquier caso, cuando el trauma es único y cuando los sainetes van volviéndose menos vitales, la mitomanía se difumina. Sin embargo, si el niño magullado no sale de su desierto, el mundo que imagina seguirá siendo su único placer.

Si quienes le rodean convierten su realidad en insoportable, el niño tendrá menos necesidad de su mitomanía. Sus ensoñaciones volverán a convertirse en muestras de felicidad y en metáforas de sus proyectos. A partir de ese momento será la fantasía la que se vuelva protectora, y la superchería dejará de serlo. El niño puede confeccionar un cuento con su fantasía o montar su escenografía sin engatusar al espectador. Todo está claro, no es más que un relato, un cuadro, una leyenda, una representación teatral. Sin embargo, en el fondo de sí mismo, el herido ha recuperado el control de su desgracia, una desgracia que el espectador hace sanar con sus aplausos. La distancia del tiempo, la búsqueda de las palabras y la destreza en la escenificación son herramientas que le permiten no quedar prisionero de su trauma, que incluso le permiten convertir ese trauma en una pasarela que le comunique con la sociedad.

Jorge Semprún ilustra bien esta andadura que parte de la herida para, progresivamente, ir adquiriendo la forma de una ficción. En *Le Grand Voyage*,[34] da a su trauma una forma sus-

34 J. Semprun, *Le grand voyage*, París, Gallimard, 1972 [trad. cast.: *El largo viaje*, Barcelona, Seix Barral, 1994].

ceptible de ser contada. Treinta años después de su deportación, consigue dar su testimonio mezclando los hechos y la imaginación. Picasso reconoce que siguió el mismo itinerario al pintar el *Guernica*, una alegoría casi incolora con la que quiso significar la muerte. Durante cuarenta años, Steven Spielberg se protegió del dolor de la Shoah por medio de la negación. Sin embargo, fue finalmente una ficción la que le permitió volver a estar entero: «Desde que hice la película he dejado de ser un judío partido por la mitad». Incluso la elección del tema es una confesión autobiográfica. Al contar la historia de un hombre que había salvado a miles de judíos durante la Segunda Guerra Mundial, Spielberg daba forma a su deseo de pensar que el mundo contaba, a pesar de todo, con algunos hombres generosos.

La ficción posee un poder de convicción muy superior al de la explicación

Ninguna ficción se inventa a partir de la nada. Son siempre los indicios de lo real los que alimentan la imaginación. Incluso las ensoñaciones más desbocadas dan forma a fantasías que emanan de nuestro mundo íntimo y que se hallan a veces próximas al inconsciente. Cuando Joanne Rowling escribe *Harry Potter*,[35] decide llamar a su mejor amigo Weasley, nombre de sonoridad próxima a la de la palabra «*Measly*», cuyo significado alude a aquello «que es tan lamentable como un niño que tiene el sarampión». Gracias a una única evocación sonora, Rowling puebla de pobres muchachos el mundo de Harry Potter. La propia autora perteneció a ese mundo en donde lo real era lamentable, un mundo del que se pro-

35 S. Smith, *J. K. Rowling: La magicienne qui créa Harry Potter*, Lausana, Favre, 2002, p. 29.

tegía imaginando sapos que eran «profesores de defensa contra las fuerzas del mal». Contando tan solo 6 años, Rowling escribe su primera historia, titulada *Lapin*, con el fin de proteger a su hermana pequeña de las heridas de lo real. Y cuando, llegada ya a la edad adulta, ella misma se ve nuevamente agredida por lo real, vuelve a encontrar a su profesor de defensa, que le aconseja que escriba un libro fantástico, *Harry Potter*. Cada vez que Joanne tenía que afrontar un nuevo acontecimiento traumático, la redacción de *Harry Potter* cambiaba de dirección. En resumen, escribía una «falsa ficción», falsa por no ser falsa y por permitirle expresar la metamorfosis de su dolor mediante un relato mágico que era socialmente exquisito.

Este paso resiliente del dolor real al placer de la representación de ese dolor es una acusación que apunta mucho más a la sociedad que al herido. ¿Por qué tiene el público tantas dificultades para escuchar los testimonios? O más bien, ¿por qué no puede escuchar más que los testimonios que le confortan en la idea que se hace de su propia condición? Fred Uhlman, hijo de un médico judío alemán, decide dar testimonio de la desaparición de la mitad de sus compañeros de clase en 1942, tanto judíos como no judíos. Al escribir: «Vi que 26 chicos de mi clase, de 46, estaban muertos», provoca un silencio estupefacto. Sintiéndose desamparado, titubea un poco: «¿Tenía verdaderamente ganas o necesidad de saber?». Entonces, para relatar la verdad que nadie es capaz de soportar, decide escribir *L'ami retrouvé*,[36] narración en la que, al igual que Semprún, Picasso, Rowling y muchos otros, inventa una ficción que da a la verdad una forma socialmente aceptable. Cuenta su amistad de adolescente con Graf von Hohenfels, ejecutado a la edad de 16 años por haber tramado una conjura contra Hitler, mientras

36 F. Uhlman, *L'ami retrouvé*, París, Gallimard, 1997, pp. 106 y 107.

que sus padres, aristócratas magníficos, se habían implicado en la destrucción de los judíos de Europa.

La ficción posee un poder de persuasión muy superior al del testimonio porque la depuración del relato conlleva una adhesión que no es capaz de provocar la simple atestación, demasiado cercana a los obscenos enunciados de la administración: «el 55 % de los niños murieron a la edad de 15,3 años..., el 90 % de los mismos había sido admitido en la clase superior del instituto...».

La negación emocional facilita el negacionismo: «Miércoles 14 de junio de 1916. Querida madre, ya se me ha acabado el permiso y me he reincorporado al batallón sin demasiadas dificultades [...]. Qué quieres, he constatado, como todos mis camaradas, por cierto, que estos dos años de guerra han difundido poco a poco entre la población civil el egoísmo y la indiferencia, y que nosotros, los combatientes, casi hemos sido olvidados [...]. [Algunos] casi me han dado a entender que se sentían extrañados de que no me hubiesen matado aún [...]. Por eso, yo también voy a tratar de olvidar, tal como me han olvidado a mí [...]. Adiós, te mando un millón de besos de todo corazón. Gastón».[37]

Cuando uno se calla, muere aún un poco más. Sin embargo, cuando se presta testimonio, se hace callar a otros. Ante una elección tan dolorosa, la ficción se convierte en un buen medio para hacer que lo real sea soportable, ya que permite convertir esa realidad en relato de aventuras. Sin embargo, el que inventa una historia cimentada en su memoria nos brinda lo que esperamos: unos cuantos bellos relatos de guerra, de amor, de solidaridad, de victoria contra los malvados; la gloria, el esplendor, la venganza de los humildes, la magia, las hadas, la ternura, todos los grandes

37 J.-P. Gueno e Y. Laplume (comps.), *Paroles de poilus: Lettres et carnets de front, 1914-1918*, París, Librio, 1998, pp. 104 y 105.

momentos de la vida del que escucha aparecen en la escenificación de quien relata su propia leyenda.

Prisionero de un relato

Cuando Jean-Claude Romand siente miedo a presentarse a un examen de segundo de medicina, se descubre solo y sucumbe en el desierto.[38] Nunca ha soñado con ningún otro proyecto, y su fracaso le remite a un vacío melancólico. Prisionero de un único sueño, carece de proyecto alternativo. Para él es imposible admitir esa desolación, esa ausencia de vida antes de la muerte. Un sobresalto imaginario le sigue procurando aún algo de vida. Va a decir que ha aprobado, va a decir que continúa sus estudios, va a decir que se ha convertido en médico investigador de la Organización Mundial de la Salud. Entonces podrá ver, con sus propios ojos, en la mirada de sus padres, la dicha admirativa que habrá generado en ellos. En el fulgor de su ficción, Romand se siente reparado. Su representación ha modificado lo real.

Al margen de este relato, no era nadie. Solo experimentaba un sentimiento de existencia en las palabras, solo existía en ellas. Toda renuncia a este artificio le habría hecho caer en el vacío, en la nada de su no vida: «¿Qué decir, qué contar cuando no se vive nada, cuando se mata el día leyendo todos los periódicos en el coche, tras estacionarlo en los aparcamientos de las grandes superficies, cuando se está soñoliento y solo en un café, cuando se pasan las horas en la cama, mirando al techo?».[39] Lo real produce náuseas, la belleza no nos llega más que a través del imaginario. Entonces hay que buscar algunos indicios de verdad para construir un relato magnífico, una

38 E. Carrère, *L'adversaire*, París, POL, 2000 [trad. cast.: *El adversario*, Barcelona, Anagrama, 2000].

39 P. Romon, *Le bienfaiteur*, París, L'Archipel, 2002.

imagen verbal de nosotros mismos que nos aprestamos a ofrecer a quienes amamos. Una tarde, en unos grandes almacenes, Bernard Kouchner dedica «amistosamente» uno de sus libros a Romand. Ahí tiene un indicio de realidad, ya tiene algo que puede servirle como prueba de su amistad con ese héroe médico con el que «ha trabajado en la OMS». Una tarde, Romand cuenta que Kouchner le ha invitado a cenar, a él y a su amante, en su casa de Fontainebleau. Coge el coche, finge equivocarse de verdad al leer el mapa de carreteras, hace como que busca la casa de su heroico amigo. Da vida a su imaginario y lo convierte en algo más sólido que lo real: «Ese es el cartel del cruce de Tronces. Ya no estamos lejos».

Breve victoria, porque lo real vencido se toma siempre la revancha. Su amante nota extrañada algunas incoherencias, pero, sobre todo, provoca el regreso de lo real al preguntar cuándo podrá devolverle Jean-Claude la fuerte suma de dinero que le ha prestado. El teatro de la belleza se derrumba y la repelente realidad le golpea y le llena de pánico. Entonces decide estrangular a su amante. No crean que lo concibe como un intento de asesinato, se trata más bien de una melancólica declaración de amor: «Su mujer le permitía quererla [...]. Él no hacía demasiados distingos entre su propia persona y los objetos de su amor [...]».[40] Cuando la muerte se convierte en un beneficio, cuando uno quiere matarse para quedar liberado de lo real, el melancólico ya no sabe muy bien si se mata a sí mismo o a la persona a la que ama. Esta es la razón de que, más tarde, cuando lo real se volvió inexorable, Jean-Claude Romand, en su «gran bondad», mató de un disparo de escopeta en la nuca a su hija, a su hijo, a su mujer, a su madre, a su padre e incluso a Choupette, la perra, ¡para evitarles el sufrimiento que les provocaría la desilusión de caer en lo real!

40 *Ibid.*

Este aterrador mecanismo de defensa habría podido evolucionar de forma diferente. Y prueba de ello es que el juicio le curó. Jean-Claude, «condenado a vivir» tras su tentativa de suicidio, experimenta al fin el sentimiento de la existencia. A partir del momento en que ya no tiene alternativa, tan pronto como se ve obligado a aceptar las visitas de los abogados, a acudir a las citaciones del juez, a respetar la normativa que regula sus paseos, sus trabajos, su correo y sus encuentros, Romand descubre que lo real es soportable. Una persona que pide limosna le hace descubrir la espiritualidad, otra forma de escapar de la realidad, de no volverse a someter a ella, pero esta vez para trascenderla.[41] Habla, escribe, medita, aprende japonés y varias mujeres se enamoran de él, de este ser excepcional: «Nunca he sido tan libre, nunca ha sido tan bella la vida [...]. Soy un asesino, [pero] eso es más fácil de soportar que veinte años de mentiras».[42]

Liberado por la prisión, tal vez haya pensado: «Ya no tengo necesidad de mentir. Era prisionero de mi defensa imaginaria, pero descubro que la realidad de la prisión es más agradable y más viva que el vacío melancólico que había conocido antes. En estas condiciones, puedo volver a ser yo mismo. Ahora que la confesión me ha vuelto a ubicar en el mundo, es así como tendréis que amarme, con mis crímenes y con mi pasado».

Esta necesidad de entablar relación con los demás, de someterse a la prueba de lo real, de cargar con los hechos para luego darles un sentido, jamás le había sido planteada a Jean-Claude Romand. Es fácil ser un buen alumno transparente, basta con sentir miedo de la vida. Entonces uno aminora el paso, se somete a la rutina de la mesa de trabajo de su habitación, lee de manera vaga, repite aproximadamente las

41 S. Vanistendael, *La spiritualité*, Ginebra, Oficina Internacional Católica de la Infancia, 2002.

42 E. Carrère, *L'adversaire*, *op. cit.*, pp. 183-186.

cosas, pasa unos cuantos exámenes y logra que sus padres se sientan orgullosos de este éxito sin brillo. No obstante, para tener un poco la sensación de vivir, uno sueña, pone imágenes a la existencia a la que aspira. Cuando nadie nos invita a salir de nosotros mismos, los sueños terminan por aislarnos de lo real, que se convierte en algo más soso y más repugnante que nunca. El único placer sigue siendo imaginario. Solo es posible convertirlo en una pasarela de resiliencia si la cultura dispone en torno de quien sueña despierto unos cuantos lugares de trabajo, y sobre todo, algunos encuentros. Fue la prisión la que ofreció a Romand esos lugares.

El poder reparador de las ficciones puede modificar lo real

La sociedad puede proponer lugares más amables para la curación. Es lo que le pasó a Erich von Stroheim. «Utilizó la mentira para proteger su intimidad, pero también para construirse a sí mismo. Logró con tanto éxito su empeño que no queda más que una única vía de acceso a su verdadera personalidad: las obras maestras que ha creado».[43] Erich von Stroheim repara la vergüenza de su juventud mediante una excesiva compensación imaginaria. Nacido en Viena en 1885, se enrola en 1906 en el regimiento ferroviario que recibe el sobrenombre de «los dragones de Moisés», ya que, en él, los soldados judíos son extraordinariamente numerosos. En 1907 se convierte en cabo, pero, tres meses después es dado de baja por «incapacidad para llevar las armas». En 1909 se embarca en Bremen y, cuando desembarca en Nueva York, diez días más tarde, se ha colocado un «von» entre Erich y Stroheim. Como todo inmigrante

43 F. Lignon, *Erich von Stroheim. Du ghetto au gotha, op. cit.*, p. 9.

pobre, hace mil trabajos mal pagados hasta el día en que, en 1914, se apunta como extra en Hollywood. ¡Estamos muy lejos del apuesto caballero, capitán de dragones!

El contexto cultural de Estados Unidos de esa época lanzaba una invitación a todos los hombres, una invitación que les instaba a descender a la realidad y a realizar en ella sus más fantásticos sueños. Erich, humillado por haber sido dado de baja en el ejército, se refugió en un imaginario compensador pero, en la cultura estadounidense, logró poner en marcha un proceso de resiliencia. En primer lugar, cimentó su mito en detalles verdaderos. Romand leía todos los artículos que encontraba sobre el colesterol y recorría habitualmente el edificio de la OMS, en Ginebra. Stroheim, por su parte, acumulaba los detalles que dan veracidad a un relato, y eso le permitió describir los adornos de la orden de la reina Elisabeth que le habría sido concedida a su madre, y la herida que habría recibido en Bosnia y Herzegovina. Como todos los mentirosos, se enmascaraba representando el papel de una persona que no soporta la mentira. El hecho de haber encontrado un lugar en el que poder expresar su imaginario permitió que «la imagen que fabricaba en sus películas hiciese real y verdadero el personaje que él quería ser».[44] Le gustaba mucho contar que Goebbels, al ver en 1937 *La Grande Illusion*, y como buen conocedor del ejército, había exclamado: «¡Pero si nunca hemos tenido oficiales de ese tipo!»; a lo que un espectador le habría respondido: «¡Peor para ustedes!». Esta anécdota permitía a Stroheim desarmar las críticas. La transformación del pequeño judío real en el aristocrático oficial soñado le permitió convertirse en un monstruo sagrado. En otro contexto sociocultural, podemos imaginar que la mitomanía de Stroheim habría podido evolucionar mal, ¿acaso como la de Romand?

44 *Ibid.*, pp. 27 y 324.

Este ejemplo también nos permite decir que sin adoradores de mitos no habría mitómanos, ya que los relatos que nos ofrecen corresponden a los acontecimientos que uno espera. Cuando los mitómanos transforman la realidad, hablan de nosotros. Sus hermosos relatos halagan nuestros más delirantes deseos. La deliciosa complicidad entre el mitómano y quienes le adoran explica el gran número de luises XVII que aparecieron durante el siglo del romanticismo, la cantidad de zarinas surgidas tras la revolución rusa de 1917, y la asombrosa proporción hoy observable de médicos combativos e incluso de supervivientes de Auschwitz.[45] Dado que la ficción del mitómano le permite ocupar, con nuestro consentimiento, un lugar de ensueño en un contexto social desesperante, la conclusión que este saca es que su imaginario ha modificado lo real, así que se siente mejor. Antes experimentaba una vergüenza inmensa a causa de la importancia que concedía a la opinión de los demás. Sin embargo, todo queda cambiado en la representación de lo real y en las interacciones que esta imagen conlleva. El mitómano se ha confeccionado un retrato, una identidad narrativa que le confiere personalidad y que le apacigua, hasta el punto de que en el momento en el que refiere su relato de ficción, actúa con una simplicidad, con una modestia deslumbrante. Desde luego, no puede evitar confesarse, de vez en cuando, que esa identidad es únicamente narrativa, pero le es imposible renunciar a ese beneficio porque el imaginario mítico de los individuos y de los grupos modifica la forma en que se experimenta lo real. La ficción posee un gran valor relacional porque la historia vincula al orador con su auditorio: «Se da usted cuenta, es médico de la OMS... Ha recorrido el mundo... Y además, es tan sencillo...». «El

45 E. Lappin, *L'homme qui avait deux têtes*, París, L'Olivier, 1999.

mitómano miente como respira, porque si dejase de mentir, dejaría de respirar»:[46] no conoce otra vida.

El imaginario colectivo no se organiza de modo diferente. Cuando un grupo se siente humillado o desesperado, inventa una hermosa historia trágica y gloriosa para unir a sus miembros y reparar su estima propia herida. Dado que la ficción está compuesta por detalles verdaderos, a continuación hay que pasar a provocar a lo real con el fin de comprobar que la quimera está viva.

Jorge es un pequeño salvadoreño de 8 años. Su padre emigró a Estados Unidos y su madre desapareció cuando tenía 4 años. Lo encontraron vagando por las calles, enflaquecido, alelado y ennegrecido por la mugre. Una institución religiosa le recogió, le lavó y le dio de comer sin dirigirle la palabra, ya que las religiosas estaban desbordadas de trabajo. Jorge se adaptó a ese entorno carente de palabras. Retomó muy lentamente su desarrollo, hasta el día en que un grupo de soldados trató de raptarle a la salida de la iglesia para adiestrarle en la guerra.[47] El niño forcejeó y logró escapar. Pero a partir de ese día, se puso a soñar en voz alta. Volvía a ver por la noche, durante sus sueños involuntarios, las ensoñaciones que había inventado durante el día. Relataba las atrocidades de que habría sido testigo y se quedaba extrañado de que no le hiciesen sufrir. Era un extraño bienestar, ya que, mientras los adultos lloraban y manifestaban pánico, el niño parecía sereno. Jorge no podía saber que la disociación entre la memoria del trauma y el embotamiento de la afectividad es un síntoma clásico de traumatismo psíquico. Él se creía más fuerte que los demás, y este error le protegía. Se inventó que era un superhombre. Relataba que, de un solo salto, podía franquear

46 G. Maurey, *Mentir: Bienfaits et méfaits*, Bruselas, De Boeck, 1996, p. 123.

47 E. J. Menvielle, *Psychiatric Outcome and Psychosocial Intervention for Children Exposed to Trauma: The Psychological Well-Being of Refugee Children*, Ginebra, Oficina Internacional Católica de la Infancia, 1996, p. 94

las montañas, que su fuerza era tan grande que podía adivinar todos los pensamientos y matar con una simple mirada a los malvados que quisieran hacerle daño. Las religiosas de la institución, que habían establecido una relación entre la tentativa de rapto y estos curiosos discursos, le escuchaban suspirando, pero los visitantes quedaban convencidos de que se trataba de un esquizofrénico.

Fue por esta época cuando Jorge empezó a poner a prueba su mitomanía para probarse a sí mismo que contaba la verdad. Desde que había inventado sus increíbles relatos, el niño mejoraba. Volvía a adquirir confianza, se sentía seguro, pero sobre todo, entablaba relaciones humanas, ya que por fin tenía hermosas historias que contar. A veces, desde luego, le entraban dudas, pero durante esos instantes de incertidumbre en los que se imponía lo real, sentía como si el hielo se cerrase en torno suyo y le aislara del mundo. Necesitaba probar que era efectivamente un superhombre. Entonces tentó al diablo con idea de hacerle fracasar. Escaló la pared de un edificio con las manos desnudas para notar mejor las asperezas, se zambulló en los remolinos de un torrente para dejarse llevar por la corriente, se lanzó entre los coches para rozarse con ellos. Dado que salía indemne y no moría, él se sentía cada vez más feliz, porque tenía la prueba de que era invencible. Iba mejor. Los demás decían que estaba loco.

Todo relato de uno mismo construye la identidad narrativa y puede convertirse en un factor de resiliencia a condición de que el entorno familiar y cultural le proporcione un estatuto, una red de encuentros en los que ese relato logre hallar una expresión que pueda compartirse.

Cuando uno ha conocido una situación extrema, cuando se ha visto expulsado de la normalidad,[48] hay varias estrate-

48 Desde hace algunas décadas hay un tabú cultural que nos «prohíbe» pronunciar la palabra «normal». Sin embargo, existen tres definiciones posibles de la norma: la norma estadística, que podríamos denominar «media»; la norma norma-

gias posibles. Cuando el quebranto ha sido demasiado grande, sucede que uno experimenta un extraño alivio dejándose arrastrar a la muerte. Sin embargo, cuando la herida no nos ha destruido por completo, y cuando los recursos internos que quedaron impregnados en nosotros en el momento de la adquisición de nuestros vínculos precoces nos siguen dando fuerzas para aferrarnos a los demás, la reintegración en la normalidad depende entonces del entorno afectivo, social y cultural.

Un veterano de guerra de 12 años

Siempre han existido niños soldado. Los muchachos que marcaban los redobles de tambor o tocaban el pífano en los ejércitos de la República morían frecuentemente en primera línea. Los María Luisas[49] de los ejércitos napoleónicos, o los chicos de la Wehrmacht en desbandada, todos fueron sacrificados para retrasar unas cuantas horas el avance de los ejércitos aliados. Eso sin contar los 14 000 niños pequeños reventados por las minas durante la guerra entre Irán e Irak con el fin de permitir que los soldados adultos pudiesen lanzar después su ataque a través de un terreno libre de minas. Con todo, el siglo XX ha inventado una nueva forma de ser niño soldado. Ya no se trata de convertirlos en remedos de soldado en miniatura. Ahora se prefiere utilizar sus caracte-

---

tiva, que normaliza lo que es admitido por la cultura; la norma axiológica, que caracteriza el mejor funcionamiento posible de una persona. Estos tres componentes heterogéneos definen lo «normal». Cf. D. Houzel, «Normal et pathologique», en D. Houzel, M. Emmanuelli y F. Moggio, *Dictionnaire de psychopathologie de l'enfant et de l'adolescent*, París, PUF, 2000, p. 457.

49 Este era el nombre con el que se conocía familiarmente en 1814 a los barbilampiños reclutas novatos de la desesperada campaña con la que Napoleón I trató de hacer frente, en suelo francés, a las tropas aliadas europeas. María-Luisa de Habsburgo Lorena era entonces la esposa del emperador. *(N. de los T.)*

rísticas infantiles para adaptarlas a la guerra moderna: la guerra de guerrillas. Hoy constatamos que, simultáneamente al desarrollo de la guerra virtual de las máquinas, desaparecen los campos de batalla. Los ejércitos cada vez se enfrentan menos a campo abierto, y cada vez más lo hacen en las esquinas de las calles, en las plazas de los pueblos o en las pistas de la selva.[50] Un puñado de niños armados con unas metralletas tan bonitas y ligeras como juguetes puede bloquear fácilmente una carretera, controlar a los pasajeros de un autobús, ayudar a expulsar a la gente de sus casas, y participar así eficazmente en estas guerras sin frente donde los civiles desarmados se convierten en objetivos. Ya no es preciso pagar tropas de soldados con uniformes y hermosas puntillas costeadas por los aristócratas, ya no estamos en la época en que se reclutaban ejércitos populares para defender a la nación, de lo que hoy se trata es de matar un poco aquí y otro poco allá, de destruir a los civiles de forma espectacular con el fin de desmoralizar a las familias, y de desorganizar a quienes no se sometan totalmente al pensamiento de los agresores. En semejante modalidad de guerra, los niños ocupan un lugar preferente.

Es muy extraño charlar con un chiquillo de 12 años que nos declara con gravedad: «Soy un veterano de la guerra de Mozambique». Viene a exigir su prima de desmovilización, y se pregunta qué va a hacer en adelante. Al igual que otros 2 000 pequeños compañeros, y alguna compañera, ha pasado cinco años en una guerra. Es guapo, pero su apariencia es extraña. Desprende un no sé qué que habla de malestar. Es demasiado solemne para su edad. Ha sido recogido por el AMOSAPU,[51] que le describe como un chico muy tranquilo, distante, tenebroso y casi insensible a lo que sucede a su alre-

50 E. de La Maisonneuve, *La violence qui vient*, París, Arléa, 1997, pp. 165-173.

51 AMOSAPU: Asociación Mozambiqueña de Salud Pública.

dedor. Podría considerársele como un pequeño tipo duro, una persona desprovista de sentimientos si, de vez en cuando, una causa anodina no viniese a provocar una explosión de rabia o un llanto inesperado. Se hace el hombrecito y se ofende si le plantean las preguntas que habitualmente se hacen a un niño. Si no pareciese tan adulto en sus comportamientos y tan razonable, nos haría pensar en la gélida actitud vigilante de los niños maltratados. Dice que no ha sufrido malos tratos. Y sin embargo, la mayoría de estos niños ha padecido traumas inimaginables: antropofagia forzosa, obligación de cometer incesto con su madre, de matar a sus propios padres ante los habitantes de la aldea so pena de ser asesinados como lo han sido previamente los pequeños compañeros que se han revelado incapaces de cometer ese acto... Después de estos increíbles traumas, Boia Efraim hijo describe cuatro tendencias evolutivas.[52] La negación constituye el mecanismo de defensa más habitual: «No he hecho más que obedecer, si no me hubieran matado», «cualquier otro habría hecho lo mismo». La imagen de la atrocidad se impregna en la memoria del niño y resurge de pronto, en el momento menos esperado. Si el niño no se hiciese de hielo, o si no anestesiase la emoción asociada a la imagen que le presenta sus recuerdos, no sería posible ningún tipo de vida psíquica. Solo podría aullar su horror, y eso es lo que a veces hace, en forma de sorprendente explosión de rabia. La negación le permite seguir viviendo un poco, como un amputado.

Otro mecanismo de defensa muy frecuente consiste en desvalorizar a las víctimas: «Las personas a las que he matado no valían gran cosa. Eran unos salvajes, seres de raza inferior, no eran totalmente humanos. Por tanto, lo que he hecho no es en realidad un crimen. A veces era incluso un bien, una

52 Boia Efraim Junior, tesis doctoral en psicología, citada en J. Kreisler, «Enfants-soldats au Mozambique. L'enfant et la guerre», *Enfance majuscule* 31, octubre-noviembre de 1996, p. 4.

depuración». El desprecio permite que estos niños disminuyan su culpabilidad.

La identificación con el agresor, al que el niño trata de superar en crueldad, no es, en la práctica, el mecanismo de defensa más frecuente. Es tan aterrador que el observador lo percibe fácilmente. Este mecanismo de identificación es el más habitual en las escuelas de terrorismo, porque, en ese contexto, los niños se vinculan al instructor y con frecuencia lo admiran. A veces sucede que la evolución se encamina hacia el sadismo, una actitud en la que el goce viene provocado por el terror que el niño omnipotente ve en los ojos de la persona, hombre o mujer, que se somete.

La inmensa mayoría de estos niños destrozados se defiende por medio de la negación, que los anestesia, y de la racionalización, que les brinda argumentos para desvalorizar a las víctimas con el fin de relativizar su crimen. Todos estos mecanismos de defensa constituyen otras tantas alteraciones de la personalidad. Ninguno de ellos es un factor de resiliencia, de recuperación del desarrollo.

Lo que resulta pasmoso, y a la vez nos permite extraer una enseñanza, es el hecho de que «muchos niños hayan logrado conservar su integridad».[53] Han tratado de purificarse por medio de los rituales de los curanderos de su cultura, han encontrado una nueva familia e incluso han vuelto al colegio.

La mayoría de los observadores que investigan sobre el terreno atestiguan la hipermadurez de los pequeños combatientes. Casi todos incrementan sus posibilidades intelectuales. Argumentan mejor, descubren nuevos centros de interés, adquieren una cultura política y mejoran sus resultados escolares.[54]

53 *Ibid.*, p. 24.

54 M. Grappe, «Le devenir des jeunes combattants», Octava reunión del grupo de investigación del CERI (B. Pouligny), París, 7 de marzo de 2002.

Mohammed tiene 11 o 12 años. Tal como sucede con todos los jovencísimos excombatientes de Sierra Leona, es muy probable que haya sufrido mucho. Jamás lo admitirá, y tal vez incluso no se dé cuenta. En pocas semanas aprende a dominar el francés y se vuelve brillantísimo en aritmética.[55] No todo es sufrimiento en un país en guerra. Entre uno y otro de los momentos aterradores que destruyen el cuerpo y la personalidad, los escasos instantes de paz, e incluso de felicidad, se aprovechan al máximo. En semejante contexto, toda actividad intelectual provoca un sentimiento de belleza y de libertad. Más que nada, uno se siente reconfortado porque el simple hecho de comprender adquiere una función adaptativa en un entorno hostil. El peligro inminente provoca alteraciones de la atención, haciendo que esta se centre en el agresor, y, como, además, el peligro aísla del mundo, los rendimientos intelectuales quedan paradójicamente mejorados.

Se trata de una victoria que camina sobre el filo de la navaja y que depende del encuentro con un único adulto. Todas las observaciones de campo que se hacen hoy con los niños que van a la guerra, tanto en Croacia como en Kosovo, tanto en Israel como en Palestina o Timor, confirman el asombro de los educadores, que, ya desde los años cincuenta, constataban la «excelencia de los resultados escolares»[56] de los niños traumatizados por la guerra. Al recibir semejante información, la reacción malévola consistiría en decir: «¿Entonces, dice usted que es necesaria una buena guerra para mejorar la escolaridad de los niños?». Se puede tratar de comprender las cosas de otro modo.

55 *Ibid.*

56 S. Tomkiewicz, «L'enfant et la guerre», en *Enfance majuscule* 31, octubre-noviembre de 1996, p. 13.

Cuando la paz se vuelve aterradora

Edmond nunca pudo ir al colegio debido a la guerra. Quince días por aquí, tres meses por allá, era imposible tejer un vínculo, era imposible seguir la más mínima pauta de escolaridad. Las sucesivas ubicaciones de este niño sin familia agravaron su enorme retraso. Tiene 10 años cuando un juez lo confía a una familia de acogida que lo envía al colegio, donde sus resultados son catastróficos. No se trata ya de que el niño apenas sepa leer y escribir, sino de que ni siquiera sepa que está prohibido poner el libro encima de la mesa para copiar la lección cuando hay un examen. La educadora humilla y castiga a Edmond, que huye al recreo. El azar de los juicios le arranca una vez más a un comienzo de familia y el niño comienza otra vez su caótico recorrido institucional. Al año siguiente es nuevamente confiado a esa familia, que vuelve a llevarle al mismo colegio, pero esta vez, una nueva maestra acepta tejer un pequeño vínculo con él. Cuando un niño se encuentra suficientemente arropado por su grupo, la aparición de una palabra o una sonrisa quedará ahogada entre otras muchas, pero cuando es abandonado en pleno desierto afectivo, la menor palabra, la más pequeña sonrisa, constituyen para él acontecimientos de gran envergadura. Ahora bien, era la primera vez en siete años que alguien dirigía una sonrisa a este niño de 10 años. Las palabras de la maestra simplemente le pedían que hiciese un juego de gramática y de cálculo con el fin de que pudiese hablar del ejercicio con ella. El esfuerzo intelectual se convertía en un juego mágico. No solo difuminaba la tristeza de lo real, sino que además aportaba la esperanza de una relación afectiva. Realizado con esta maestra, el esfuerzo escolar calmaba su desamparo. Acababa de tejerse el primer nudo de un vínculo, y en la fulguración de esta nueva relación, el colegio también acababa de cambiar de significado. Este espacio de encierro y de humillación acababa de metamorfosearse en un escenario mágico de juegos y de encuentros. Edmond despertó y, emergiendo de la bruma intelectual en que le habían sumido la angustia, el abatimiento y el aislamiento afectivo, se metamorfoseó en buen alumno.

La mayoría de los 300 000 niños soldado han conocido una aventura parecida.[57] Muchos niños han dejado de saber qué es lo que hay que hacer para ser niño. Cuando solo se sabe hacer la guerra, se tiene mucho miedo a la paz. Cuando ya no se tiene familia, cuando no es posible volver a la aldea de uno, cuando, con 12 años, se es responsable de otros niños mutilados, entonces la paz se vuelve aterradora. ¿Cómo se las arregla uno para vivir en un país pacificado en el que no existe ninguna estructura afectiva o cultural que le arrope? Volvemos a encontrarnos en la situación de esos niños separados de la familia que los maltrata e ingresados en una institución en la que el aislamiento constituye un traumatismo añadido. Cuando no hay ni amigos, ni familia, ni colegio, ni acontecimientos ritualizados, la resiliencia es imposible. En esa situación, los niños se reagrupan y descubren los mecanismos arcaicos de la socialización. Forman bandas armadas que devastan el país, ofrecen sus brazos a las milicias privadas o a unos adultos que bien sabrán cómo explotarles. Este fenómeno, que es fácil de observar en cualquier país después de una guerra, está desarrollándose en nuestros países en tiempos de paz.

El empuje de la delincuencia juvenil comienza en Europa a partir de los años cincuenta. Los pequeños *suscia*, niños de las calles de la Italia hambrienta, los jóvenes alemanes de un país arruinado, practicaron la delincuencia para sobrevivir, una delincuencia adaptada al derrumbamiento que les rodeaba. Un poco más tarde, una urbanización insensata, la construcción de unas viviendas concebidas

57 G. Mootoo, *Sierra Leone. Une enfance perdue*, Amnistía Internacional, 2000.

como simples albergues y que, por tanto, impedían los encuentros, provocó en Austria, en Francia y en Inglaterra el incremento de una delincuencia que no tenía esta función de supervivencia, ya que estos países eran ricos. El notablemente pobre Portugal y el arruinado Japón no conocieron este fenómeno porque sus culturas aún ritualizadas organizaban el entorno de los jóvenes. En Europa, los perfeccionamientos de la tecnología urbana facilitaban la construcción de viviendas amontonadas, de residencias sin puntos de encuentro y de comunicaciones desprovistas de sentimientos.[58] En semejante contexto, la familia deja de ser un lugar de cultura y de moldeado afectivo. Los únicos acontecimientos son los provocados por los compañeros del barrio. El colegio pierde su sentido. Algunos grupos de niños escapan a la influencia de los adultos para someterse al dominio de un jefe de banda. La delincuencia explota, pero los abusos en el manejo de cifras verdaderas terminan por dar una impresión falsa: «El número de acusaciones contra menores pasó de 93 000 en 1993 a 175 000 en 2000».[59] El hecho de que haya más facilidades para poner las denuncias de agresión infla un tanto esta cifra, pero es incontestable que las infracciones aumentan, lo que no quiere decir que el número de delincuentes crezca. Una proporción muy pequeña de los menores sometidos a un proceso judicial (el 5 %) se vuelve «hiperactiva» y realiza la mayoría de los robos, de las agresiones, de los trapicheos y de las violaciones.[60] La mitad de los integrantes de estos pequeños grupos con elevada tasa

58 J. Vicari, «Résilience, urbanisme et lieux de rencontre», en M.-P. Poilot, *Souffrir mais se construire*, París, Fondation pour l'enfance/Érès, 1999, pp. 164-174.

59 S. Roché, «Délinquance des jeunes: des groupes actifs et éphémères», en *Sciences humaines* 129, julio de 2002; *Tolérance zéro? Incivilités et insécurité*, París, Odile Jacob, 2002.

60 L. Bègue, «Sentiment d'injustice et délinquance», *Futurible* 274, abril de 2002.

delictiva proceden de las viviendas de protección oficial de los barrios de extrarradio, y la otra mitad proviene de las casas burguesas que rodean a estos barrios. Por consiguiente, la pobreza no es el elemento determinante de la delincuencia. Cuando se habla con cierto apresuramiento de la «delincuencia de los barrios periféricos» se comete una gran injusticia pese a decir algo que es verdad, y ello porque esta forma de expresarse no permite hablar del 95 % de habitantes de estos barrios a los que les gustaría trabajar, amar y que les dejasen en paz.

Esto no impide que la existencia de estos pequeños grupos de jóvenes con edades comprendidas entre los 13 y los 18 años, hiperactivos e inestables, constituya un síntoma de nuestra sociedad. No se trata de la rebelión de los adolescentes, que se oponen a los adultos para descubrir otros modos de vida social, se trata más bien de una forma de expulsar fuera de uno mismo una violencia que no ha sido estructurada por el entorno. Esta «violencia de proximidad»[61] se aprende desde los primeros años, cuando los niños pequeños insultan a sus semejantes mientras aún se encuentran en un estadio de desarrollo en el que todavía no son capaces de darse cuenta de los estragos que sus palabras provocan en el psiquismo de los demás. A partir de la edad de 3 años empiezan a pegar a su madre, que se echa a llorar porque «nadie le dice qué es lo que tiene que hacer»,[62] y después, arrastrados a la expulsión sin freno de esta violencia, la emprenden a golpes con la dependienta de la tienda de ultramarinos, con el conductor de autobús y con el educador. Ebrios por efecto de su pequeño poder, no aprenden a entablar relación sino por medio de las palabras que hieren y los golpes que hacen daño. Los insultos «belicosos» preparan la «hazaña» física. Están

61 G. Conghi, D. Mazoyer y M. Vaillant, *Face aux incivilités scolaires*, París, Syros, 2001.

62 Testimonio de la señora Bruère-Dawson, «École des parents», Téléphone vert.

dispuestos a establecer relaciones de dominio porque no han aprendido nada más. Entonces aparece el jefe, el individuo cuyos insultos provocan risa y cuyo valor físico en los robos y las peleas causa admiración. Estamos aquí ante una delincuencia de placer y no de supervivencia, una especie de deporte de riesgo, ya que estos robos no tienen rentabilidad. En esta socialización arcaica, los adultos se dejan dominar porque no han sabido ocupar el lugar que les correspondía durante el proceso de moldeado de los primeros años.

Una pequeña pista permite proponer una solución. Alrededor de la edad de 19 años, esta violencia de proximidad, este placer de expulsión, se calma bruscamente. Son pocos los jóvenes que siguen viviendo de esta forma cuando encuentran a alguien que les responsabilice. En vez de amenazarles como respuesta a sus provocaciones, en vez de darles lecciones de moral, cosa que les hace partirse de risa, hay alguien que dice a estos jóvenes: «Cuento contigo». Por regla general, la consecuencia es una metamorfosis relacional, un cambio de trayectoria existencial. El compromiso social y el encuentro afectivo estabilizan a estos jóvenes y dan sentido a sus esfuerzos. La ley queda al fin interiorizada... ¡con quince años de retraso! El trabajo de reparación que se empieza a proponer a estos jóvenes delincuentes constituye sin duda un factor que se adapta a su resiliencia. «De la delincuencia al descubrimiento de la responsabilidad»,[63] la reparación les ofrece una forma de transición para aprender a amar y a socializarse de un modo que no sea el del placer que les aporta su violencia.

A pesar de la existencia de unos traumas increíbles, un gran número de niños soldado se vuelve resiliente por haber recibido, durante sus primeros años, la huella de un vínculo sereno que les permitió conservar un poco de esperanza en medio de

63 M. Vaillant, «L'hypothèse transitionnelle dans la réparation. Recyclage de la violence et capacité de résilience», en *Journal du droit des jeunes* 196, junio de 2000.

una realidad insostenible. Cuando el horror fue dejado atrás, pudieron retomar algún tipo de desarrollo porque la cultura dispuso en torno suyo unos cuantos hombres, unos cuantos colegios, unos cuantos tutores de resiliencia. Los que no recibieron estos dos tipos de recursos —una huella afectiva y un proyecto de existencia— no pudieron volverse resilientes.

Los jóvenes delincuentes hiperactivos no han sufrido acontecimientos traumáticos. Incluso es frecuente que sus condiciones materiales no sean malas. Sin embargo, no han adquirido las condiciones de la resiliencia: no tuvieron estabilidad afectiva cuando eran pequeños, realizaron un aprendizaje inconsciente de las relaciones de dominio, y carecieron de circuitos sociales para encontrar sustitutos. Aquellos que, hacia el vigésimo año de su vida, tuvieron la suerte o el talento de encontrar a una persona a la que amar y una red cultural, esos lograron salir adelante.

Me he visto con frecuencia sorprendido por la forma en que estos jóvenes viven sus pruebas. Los niños soldado murmuraban que en realidad no habían sufrido, y se encogían de hombros cuando les hablaban de su heroísmo. Y no era esto en absoluto lo que sucedía con los delincuentes vividores, que se sentían perseguidos por los «burgueses» y se creían superhombres.

En el caso de estas dos categorías de jóvenes, los elementos que constituyeron el más importante factor de resiliencia fueron la familia y el colegio, ellos les permitieron evolucionar. Los niños soldado eligieron colegios lejanos y encontraron familias que les permitían no tener que regresar a su aldea, mientras que los Rambos de extrarradio, incluso en los casos en que se lograba insertarles en otro entorno, se negaban con frecuencia a dejar su barrio.[64] Los niños sol-

64 P. Dubéchot y P. Le Quéau, «Quartiers prioritaires. Ces jeunes qui "s'en sortent"», Crédoc, *Consommation et modes de vie* 126, abril de 1998.

dado huían de su pasado, mientras que los pequeños Rambos temían la novedad.

En ambos casos, hubo una catástrofe psíquica, un enorme desgarro en los pequeños soldados, una ausencia de apuntalamiento que habría permitido la construcción de la personalidad de los pequeños Rambos.

Desgraciados los pueblos que tienen necesidad de héroes

Cuando uno se siente mal, cuando siente vergüenza de sí mismo y descubre de pronto que otro, que pertenece al mismo grupo, da de nosotros una imagen gloriosa, su éxito nos repara. La hazaña del héroe rehabilita la imagen alterada que mostrábamos a los ojos de los demás. Si nos sentimos fuertes, dichosos y en paz, buscamos a nuestro alrededor a personas simpáticas y disponibles que nos permitan proseguir nuestro desarrollo. Pero si nos sentimos débiles o injustamente dominados, tendremos necesidad de un héroe para representarnos de forma ventajosa y reparar nuestra falta de autoestima. En este sentido, el héroe tiene una función de defensa por delegación.

Yo ya no admiro a Tarzán. Y sin embargo, me gustaba mucho cuando era pequeño, frágil y dependiente. Mi debilidad me hacía creer que si hubiese estado musculado, habría podido dominar la naturaleza e ir a socorrer a los animales.

De hecho, Tarzán daba en público la imagen bella y tranquilizadora a la que yo mismo aspiraba, ya que la idea de llegar a ser algún día musculoso, gran nadador y amado como él lo era me proporcionaba seguridad. Después, al envejecer, al adquirir fuerza, algunos títulos y un cierto exceso de peso, dejé de sentir la necesidad de ser ese musculitos un tanto bobo y vagamente colonialista. Incluso me sorprendí pensando que, hoy, Tarzán, con su enorme retraso en el lenguaje («Yo Tarzán, tú Jane»)[65] sería enviado a un centro de recuperación escolar. Había dejado de ser mi héroe. Ya no tenía necesidad de su imagen reparadora. Cuanto más fuerte me sentía, más repipi me parecía Tarzán. Comprendía sin dificultad que los adultos de posguerra hubieran tenido necesidad de héroes como quien necesita un vendaje. La película *Le Père tranquille*[66] ponía sobre el escenario a un amable francés medio. ¿Cree el espectador que el protagonista es un vendido? Bueno, pues nada de eso: su sumisión aparente le permitía resistir en secreto al ejército de ocupación. Exactamente por la misma época, en 1946, los alemanes situaban en la pantalla a héroes que les permitían creer que prácticamente todos se habían opuesto al nazismo y que, entre ellos, los que habían cometido todas las atrocidades eran solo unos cuantos asesinos.[67]

Desgraciados todos aquellos que tienen necesidad de héroes, pues se debaten para ofrecerse una reparación imaginaria. Este remiendo chapucero será un factor de protección con la condición de que no invada lo real. El hecho de admirar a Tarzán me dio la esperanza de convertirme algún día en alguien como él, pero si hubiera renunciado a toda vida familiar y a toda aventura social para convertirme en un musculitos y taparme el sexo con la piel de un animal, me habría ahogado en la imagen que me reparaba.

Esto es con frecuencia lo que ocurre cuando los héroes se convierten en salvadores de naciones vencidas o de grupos humillados. Tienen una función terapéutica, pero los

65 J.-F. Mattei, comunicación personal, Mouans-Sartoux, 21 de septiembre 2002. Los diálogos del cine dicen simplemente: «Tarzán… Jane», pero cuando van acompañados con un gesto de señalamiento con el índice, solo es posible describir la situación con las palabras: «Yo, Tarzán… Tú, Jane».

66 *Le père tranquille*, película de R. Clément, con Noël-Noël, 1946.

67 *Die Mörder sind unter uns*, película de W. Staudte, 1946.

efectos secundarios de este tratamiento son con demasiada frecuencia costosos. Un héroe no se halla nunca lejos del sacrificio, ya que su función es la de reparar una humillación. Sin embargo, cuando la herida es una falta («he cometido un crimen», «no he tenido el valor necesario», «he sido vencido»), el héroe se convierte en un redentor que tendrá que pagar por mí. Yo le adoraré, porque su muerte gloriosa repara mi imagen y rescata mi falta, pero tan pronto como haya pagado, me sentiré liberado, aliviado, reparado, con derecho a volver a empezar. Entonces será preciso que busque otros héroes que sacrificar para mi mayor bienestar. Este crimen en nombre del Bien es fruto de una moral perversa, un sacrificio por delegación que repara a los que sobreviven... durante un tiempo. Con frecuencia, la fabricación de héroes sirve para legitimar la violencia: «Lo único que hacíamos era defendernos contra el opresor». «Han muerto como héroes». «Su talla es mayor muertos que vivos...».[68] Todos estos epitafios atestiguan la erotización de su violencia. Cuando el beso de la muerte se los lleva, su triunfo es aún mayor, porque los muertos son todopoderosos, no se negocia con ellos. Los relatos heroicos cuentan siempre la misma tragedia maravillosa. El enemigo se hallaba presente, en todas partes, invisible. De pronto un joven se alzó y lo venció, cosa que le costó la vida. El héroe surgió de nuestro grupo, alzándose un poco por encima de la condición de los hombres y convirtiéndose, en cierto modo, en un semidiós. Sin embargo, si consigue salvarnos y regatear la muerte, habrá transgredido la condición humana. ¿Quizá haya incluso pactado con el Diablo? De hecho, cuando le hablamos y nos cuenta los fascinantes horrores sobre los que ha triunfado, aún exhala algunas vaharadas infernales.

68 P. Centlivres, D. Fabre y F. Zonabend (comp.), *La fabrique des héros*, París, Maison des sciences de l'homme, 1998.

Decididamente, los héroes son los primeros interesados en morir si quieren que se les siga queriendo.

Cualquier joven que se cuente a sí mismo el relato de su trauma se venda como lo hace el héroe ante una situación excepcional. Ha de salvarse y salvar. Se ha visto marginado por el maltrato, por la guerra, por el incesto o por un accidente grave, lo que le ha sucedido no es trivial, el traumatizado no puede ser ya insípido. Al igual que Iván el Terrible, ha sido campesino, pero la invasión de los teutones le ha puesto en posición de convertirse en un tirano. Al igual que el pequeño Bara, tambor de los ejércitos republicanos, destrozado a golpes de hoz y de horca cuando tenía 13 años porque se negó a gritar «Viva el rey», merece vivir eternamente, ya que su muerte dio gloria a los ejércitos republicanos. El problema es que este tipo de eternidad nunca dura mucho tiempo. Todo el mundo ha olvidado al pequeño Bara.[69] Esto explica por qué un ejército clandestino produce más héroes que un ejército regular, que es excesivamente funcionarial y al mismo tiempo no lo suficientemente marginal como para poder hacer lo mismo.

Dado que todo grupo humillado se venda con un héroe, un niño traumatizado, marginado, avergonzado por lo que le ha ocurrido y que no obstante siente que es un ser excepcional, se vuelve un ser que muestra avidez por los héroes.

La ventura del niño herido que tiene necesidad de héroes

«No sé por qué me resulta tan fácil admirar», me decía Gérard, de 14 años. «Un niño de la Beneficencia que llega a

69 Salvo los que vayan al museo del Louvre a ver el cuadro de escaso mérito de De Weerts, en el que se descubre a un chico alto de piel blanca y pegado a un magnífico caballo blanco erguido que está a punto de ser traspasado por las horcas de los gesticulantes vandeanos.

una familia es un niño que lleva consigo un drama oculto [...], puede ser el resultado de una violación, de un incesto, hijo de una prostituta [...], también puede ser víctima de unos padres que le maltratan [...]. Lo que es seguro es que sus padres, en particular su madre, son unos padres abominables».[70] Sumergido en la vergüenza de sus enlodados orígenes, el niño se puso a admirar a los músicos: «Era absolutamente preciso que yo estudiara música, que encontrase algo que me apaciguase. Y de este modo, con 9 años, decidí sin decir nada a nadie, ir a informarme al conservatorio municipal de Creusot».[71] El hecho de admirar a unos héroes músicos permitía al niño disfrutar de una imagen de identificación agradable. Al convertirse en músico como sus héroes, reparaba la vergüenza de haber nacido de alguien «seguramente abominable». Hasta el día en que, al saber que su padre era Jacques Fesch, guillotinado tras haber descubierto la espiritualidad y candidato a la canonización, se enfrenta a un «descubrimiento que le obliga a reconstruirse».[72] Los héroes músicos, al poner algo de belleza en su vida, habían reparado la vergüenza de sus orígenes y le habían permitido sufrir menos mientras esperaba la revolución que iba a «transformarle desde dentro».

El teatro del heroísmo revela nuestras heridas. Los revolucionarios del siglo XIX elevaban a la categoría de héroe a Bara, el pequeño tambor que se había atrevido a morir por la idea de república que los vandeanos habían puesto en peligro. Romand, empujado al vacío por su fracaso en la carrera de medicina, convertía en héroe a Kouchner, quien, por el contrario, había realizado sus sueños. Nuestra sed de héroes revela nuestros puntos débiles, unas flaquezas que estos personajes compensan porque les

70 G. Droniou, *Fesch, mon nom guillotiné*, París, Éditions du Rocher, 2001, p. 40.
71 *Ibid.*, p. 65.
72 *Ibid.*, p. 168.

admiramos. Los niños quebrados tienen necesidad de héroes, esos delegados del narcisismo que enarbolan la esperanza de una identificación reparadora. El asunto funciona tal como funcionan las imágenes de los padres: durante la infancia los veneramos, en la adolescencia les criticamos, y en la edad adulta nos diferenciamos de ellos, reconociendo al mismo tiempo su legado. Esto quiere decir que todos los niños tienen necesidad de héroes porque se sienten débiles. Los personajes teatrales, o los de los dibujos animados, escenifican sus deseos de compensación: «Un día, seré tan fuerte como él». Lo que también quiere decir que una sociedad quebrantada no propone a sus hijos el mismo tipo de héroe que una sociedad apacible. Los héroes salvadores de los países en guerra no dibujan la misma imagen que los ídolos de los períodos de paz. Un grupo humano desesperado acepta pagar muy caro el sacrificio que restaura su imagen y rescata sus faltas. Por el contrario, en un país en paz, ciertos héroes conservan su función simbólica. La madre Teresa o el abate Pierre «están ahí para» representar la generosidad de quienes tienen la suerte de no sufrir demasiado y desean no obstante dar un poco de felicidad a los heridos del alma y de la sociedad. Y a la inversa, un futbolista, un cantante o una princesa que se han convertido en ídolos de las masas no tienen la función de reparar, sino más bien la de poetizar, la de dinamizar, la de crear un hermoso acontecimiento luminoso y fugaz en una sociedad sosa en la que no pasa nada. Zidane, ídolo futbolístico para un gran número de chicos, solo es un héroe que simboliza la integración por medio del deporte para una parte de ellos. Édith Piaf, que hizo llorar, conmovida, a toda una generación, solo es el símbolo de la integración de los niños de las calles por medio de la canción para la muy pequeña proporción de personas que conocen su historia. Y en cuanto a Lady Di, Loana, o los vencedores «históricos» de los juegos olímpicos, muestran un heroísmo que tiene la velocidad de un destello, y de este modo revelan que una cultura en paz opera en lo inmediato..., como la droga. Los ídolos no están hechos para representar, son inyectados en la cultura para obtener un goce. En una época en que los semidioses ya no descienden del Olimpo sino que se contentan con subirse a los Mercedes, lo que elaboran es una especie de realidad en imágenes, como si lo único que contara fuera la apariencia de las cosas, lo inmediato, que es algo que no tiene tiempo de constituirse en relato. Un ídolo no es amado por lo que representa, en ese caso sería un símbolo, es amado por lo que provoca: el acontecimiento, la emoción, el éxtasis, la histeria colectiva, y después el olvido.

Las heroínas conocen la misma evolución. En tiempos de guerra, estas mujeres reparan la estima de las personas destruidas. Las amazonas cuyos hombres han desaparecido aceptan engendrar hijos con machos extranjeros, y después toman las armas y matan a los genitores. Juana de Arco, o Lucie Aubrac, dan testimonio de la participación de las mujeres en las guerras de liberación, y, en tiempos de paz, conservan esta función de símbolo. El personaje de Marie Curie o de Jacqueline Auriol permite a las mujeres demostrar que contribuyen a la construcción de su civilización. Sin embargo, cuando la existencia se vuelve sosa y aparece desprovista de acontecimientos que permitan la identificación, las mujeres se ponen a adorar imágenes. Brigitte Bardot o Marilyn Monroe, superhembras, ceden hoy el sitio a unos ídolos sin futuro, a perchas portadoras de abrigos, portadoras de vestidos o portadoras de tangas, perchas veneradas en las portadas de las revistas o en los mensajes publicitarios que fabrican imágenes idolatradas.

La pulverización de los héroes de nuestra cultura y su transformación en ídolos es una señal de paz que conlleva una dificultad para la identificación de los jóvenes. Quienes consiguen conferir un carácter heroico a los combates humanitarios del abate Pierre, a los de Bernard Kouchner o a los de la guerrilla del Che Guevara van a ponerse a prueba, a descubrir lo que valen y a conseguir dar de este modo un poco de sentido a sus vidas. No es esto lo que ocurre en el caso de la mayoría de los jóvenes que se identifican con héroes de papel. Los estudiantes de instituto con edades comprendidas entre los 17 y los 18 años, en sus respuestas a algunos cuestionarios, señalaron 700 héroes diferentes.[73]

Muchos de ellos eran personajes de la ficción, de los espectáculos artísticos o deportivos, algunos citaron a sabios, a escritores o a héroes escolares, pero todos ellos fueron enumerados sin emoción ni efecto de identificación. Estos «héroes en zapatillas»[74] provocan pequeños acontecimientos psíquicos mientras nos arrellanamos en el hondón de nuestro sofá. Son el signo de una sociedad en paz, pero son al mismo tiempo la prueba de la ausencia de integración de estos jóvenes de identidad frágil.

La guerra cuyo objetivo es destruir a quienes quieren destruirnos, o la cuasi guerra de las sociedades en vías de construcción, provocan tantas situaciones traumáticas que los grupos heridos tienen necesidad de héroes para repararse. Esta integración violenta que persigue el sometimiento del oponente, titubea entre la gloria y la muerte, y con frecuencia las asocia a ambas. Algún día terminaremos inventando una sociedad en paz, capaz de integrar a los jóvenes y de infundirles una personalidad sin traumatizarles. ¿Podría suceder que nuestra sociedad hubiera privado a los jóvenes de rituales de integración?

73 A. Muxel, «Le héros des jeunes Français: vers un humanisme politique réconciliateur», en P. Centlivres *et al.*, *La fabrique des héros*, *op. cit.*, pp. 80 y 81.
74 *Ibid.*, p. 86.

La angustia de quien se lanza al agua desde una gran altura

En Occidente, la adolescencia es cada vez más precoz y cada vez más duradera. La mejora de las condiciones educativas hace que un joven de 12 o 13 años se encuentre en la situación del saltador que se pregunta desde qué altura tendrá que lanzarse. ¿Habrá agua? ¿Aguantará su cuerpo el choque? ¿Y su espíritu, le transmitirá el coraje de lanzarse al vacío? Esta metáfora del saltador permite ilustrar la actitud de un creciente número de adolescentes para quienes el deseo de zambullirse en la vida es tan grande como el miedo a lanzarse a ella. De aquí resulta una especie de inercia efervescente en la que la tendencia a refugiarse en la cama no se encuentra nunca demasiado alejada de la explosión brutal. Los adolescentes disminuyen la velocidad, van arrastrando el colegio, sueñan que van a hacer una zambullida maravillosa, reprochan a la sociedad que no haya puesto agua suficiente en la piscina, y a sus padres que no les hayan preparado para el salto. Se sienten mal por lo mucho que se crispan en esta rigidez febril. El hecho de pasar a la acción ejerce en ellos el efecto de una liberación. Se sienten aliviados tras una explosión, y después, cuando consiguen transformar su proceso en relato, retocan la construcción de su identidad: «He conocido un acontecimiento extraordinario», «soy una persona que ha sido capaz de superar una prueba terrible».

Todos nuestros progresos sociales y culturales convergen en el desarrollo de este sufrimiento. Los progresos de la comprensión de la primera infancia, la tolerancia familiar, la incitación a que el joven continúe sus estudios, la mejora de unas técnicas cuyo aprendizaje retrasa la integración de los jóvenes, todo está dispuesto de modo que se facilite su inercia efervescente. Eso sin mencionar el enorme componente afectivo que, en lo sucesivo, deberá hallar un nuevo modo de expresión: «He aprendido a amar con serenidad», podrían pensar quienes, durante los primeros años de su infancia, adquirieron un vínculo de carácter protector: «Dado que soy amable, sé que me amarán. Por consiguiente, me las arreglaré para actuar y encontrar al hombre o a la mujer que sepa amarme. Nos respetaremos y nos brindaremos mutua ayuda». Estos jóvenes conocen una adolescencia emocionante y superable. No es eso lo que le ocurre a uno de cada tres adolescentes. Estos, debido a que han adquirido un vínculo no protector, se sienten aún más angustiados cuando aparece el deseo sexual.

La inflexión de la adquisición de la palabra, durante el tercer año de vida, había constituido un momento extraordinario, el descubrimiento de un nuevo mundo, un mundo que se podía crear simplemente moviendo la lengua. Este juego fabuloso mejoraba la relación que teníamos con las personas con las que habíamos tejido nuestros vínculos y enriquecía el mundo, un mundo que podíamos compartir con ellos tan pronto como lográbamos darle vida con nuestras palabras. Cuando aparece el fuego del deseo sexual, en la época de la pubertad, se produce otra inflexión, una inflexión que es más difícil de negociar dado que de lo que ahora se trata es de apoyarse en las bases afectivas impregnadas durante la primera infancia para adquirir otra forma de amar. Hay que conservar el vínculo con las figuras parentales y descubrir que el objeto de nuestros nuevos deseos requiere de otros comportamientos. El vínculo con nuestros padres tenía un carácter muy sexuado (una madre es radicalmente distinta de un padre), pero estaba totalmente desprovisto de apetencia sexual. Si hubiera surgido la imagen de una posibilidad sexual, la angustia, el horror o el odio nos habrían empujado a una autonomía violenta. En la mayoría de las ocasiones, cuando todo marcha bien y una vez superada la crisis, el adolescente conserva el vínculo con sus padres. Después deberá aprender a amar a su pareja de otra forma, ya que esta tendrá que realizar una doble tarea: la de ser el objeto del deseo de su compañero o compañera, y la de convertirse también en objeto de su vínculo afectivo.

Este cabo es difícil de doblar porque obliga a coordinar unas pulsiones heterogéneas: «Yo me implico con la huella de mi pasado, con la idea que tengo de mí mismo, con el sueño de mi porvenir», «debo desprenderme de aquellos a los que aún me hallo vinculado. Debo independizarme de ellos si quiero proseguir mi desarrollo afectivo, sexual y social».

El adolescente debe integrar fuerzas de naturaleza diferente, fuerzas que, con frecuencia, son incluso opuestas. La pulsión hormonal desempeña el papel de un gatillo en el surgimiento del apetito sexual. La testosterona inflama a los chicos y enciende a las chicas: a partir de ese momento el trabajo consiste en moldear esa pulsión. ¿Cómo expresarla? ¿Cómo hacerlo? Para dar a esta fuerza emergente una hechura aceptable, es preciso que uno se implique con su forma de amar en los circuitos afectivos que le proponen tanto el objeto de su amor como su cultura.

No es fácil cuando todo sale bien, así que hemos de admitir que el proceso será aún más difícil si se da la circunstancia de que uno de los miembros de la pareja ha conocido dificultades de desarrollo afectivo, o si sucede que la cultura no propone ningún modelo de comportamiento amoroso. Si se da el caso de que el déficit relacional precoz no ha sido corregido por el clima familiar en el transcurso de las interacciones cotidianas, entonces la alteración afectiva explotará en la adolescencia.

Resulta bastante paradójico que las alteraciones sean más fáciles de afrontar en los casos en que estas resultan más visibles. Podemos ayudar a un niño a modificar su vínculo, enseñarle a amar de forma más agradable. Probablemente, esto es lo que explica por qué se constata, cuando se observa durante mucho tiempo a un grupo de niños que ha aprendido de forma precoz un tipo de vínculo de carácter no protector (esto es, ambivalente, de evitación o desorganizado), que un tercio de ellos mejora sorprendentemente en la adolescencia y adquiere un vínculo protector.[75]

Hasta los más fuertes tienen miedo a lanzarse

Y al contrario, quedamos sorprendidos al constatar que una cuarta parte de los niños con vínculo sereno se derrumba durante la adolescencia y adquiere un vínculo no protector. Es probable que no hayamos sabido observar las alteraciones invisibles del vínculo. Los niños demasiado serios, demasiado bien adaptados, agradan a los adultos, o más bien les alivian. Su comportamiento excesivamente bueno hace que el adulto esté menos atento. Este, por consiguiente, arropa menos al pequeño y permite que se desarrolle una equivalencia fóbica, el hipervínculo propio de un niño que no se atreve a lanzarse y que halaga de este modo al adulto por el hecho de obedecerle excesivamente bien.

Los niños demasiado protegidos parecen tranquilos y realizados porque nunca tienen ocasión de ponerse a prueba. Uno los considera sólidos porque nunca han revelado su debilidad. Hasta el día en que un minúsculo acontecimiento los derriba y los hace caer en tierra. Entonces, reprochan a sus padres estupefactos que no les hayan armado nunca para la vida, cosa que es injusta para estos padres entregados, pero no falsa. Y esto sin tener en cuenta que, con frecuencia, estos niños anormalmente equilibrados, sostenidos por un entorno constantemente atento, enmascaran su carácter

75 L. A. Sroufe, *Emotional Development: The Organization of Emotional Life in the Early Years*, Cambridge, Cambridge University Press, 1996.

medroso con una obediencia fácil. Durante la adolescencia, se representan su relación pasada como una sumisión, como una dominación contra la cual se rebelan mediante explosiones de odio.

Desde luego, existen familias totalitarias en las que uno de los padres impone al hogar su concepto de la existencia y logra controlar toda la vida íntima. Los niños que se desarrollan en estos clanes familiares se ven notablemente moldeados por este marco totalitario. Se adaptan a él porque no pueden hacer otra cosa si no quieren quedar eliminados.

Lo que se inflama durante la adolescencia, lo que provoca la realización o el hundimiento, es la modalidad del vínculo que se puso en marcha en las fases precoces. De este modo, podemos tratar de predecir qué tipo de adolescencia tendrán los niños maltratados. A la edad de 18 meses, el 75 % de los niños maltratados manifiesta unas modalidades de vínculo alteradas[76] (mientras que en la población general el porcentaje es del 35 %). La intensidad de las alteraciones es variable, pero, en conjunto, estos bebés manifiestan un fuerte comportamiento de evitación: no sostienen la mirada, no responden a las sonrisas y reaccionan vagamente a las informaciones lejanas. Los más alterados son sin duda los niños que no han sido bien atendidos, los que se han visto abandonados, a veces incluso aislados en una habitación o en un armario durante semanas o meses. Embrutecidos y confusos, toda estimulación les aterroriza, sobre todo los avances afectuosos, que con frecuencia provocan autoagresiones.

Del mismo modo en que, por un lado, una población de niños que haya adquirido un vínculo sereno conservará este estilo de vínculo hasta la adolescencia, fase en la que solo uno de cada cuatro doblará mal ese cabo, por otro, la legión

76 E. Palacio-Quintin, «Les relations d'attachements multiples de l'enfant comme élément de résilience», en J.-P. Pourtois y H. Desmet, *Relations familiales et résilience, op. cit.*, p. 119.

de niños cuyo vínculo presenta alteraciones manifestará la presencia de unos estilos afectivos inestables. En estos casos, la modalidad de vínculo depende de la interacción que se produzca con la persona con la que se trabe relación. La mayoría de los niños mal atendidos recuperan el calor afectivo, pero la forma en que retoman su desarrollo varía en función de las díadas que se formen. Algunos quedan reconfortados tras los primeros meses de interacción con sus sustitutos, que, a veces, están poco disponibles desde el punto de vista afectivo. Otros niños, por el contrario, vuelven a la vida con mayor lentitud. Las transacciones afectivas son más sencillas con unas parejas que con otras, lo que no significa que sean más intensas. Esto permite deducir que es preciso amar a los niños que hayan sufrido una carencia para poder disponer a su alrededor algunos tutores de resiliencia, y que, sin embargo, no hay relación entre la dosis y los efectos. El hecho de que los amemos cada vez no hará que se restablezcan cada vez mejor. Ahora bien, si no se les ama, su porvenir es fácil de predecir: sus desarrollos se detendrán.

Es difícil privar totalmente de afecto a un niño, a menos que le metamos en un armario o le aislemos en casa con la sola compañía de un frigorífico y una televisión. Podemos preguntarnos por qué, en las privaciones graves, únicamente sufre alteraciones el 75 % de los niños. ¿Por qué no el cien por cien? Porque junto a la madre que falla o que maltrata ha habido un marido, una abuela, una vecina, un abuelo o una institución que han propuesto algunos tutores de resiliencia. Cuando el monopolio de las huellas impide al niño escapar y conocer a otros tutores, cuando un entorno se halla petrificado por el dominio de una única persona, cuando este dominio afectivo es autoritario, la burbuja sensorial, los comportamientos, las mímicas y las palabras serán siempre las mismas y el niño quedará prisionero de estos elementos. Una misma estructura de maltrato o de asfixia afectiva no tendrá los mismos efectos si el niño puede hallar una salida, y con eso puede bastar.

Lisa tenía mucho miedo a su padre, que, todas las tardes, le pegaba, e incluso llegaba a perseguirla con un sable para hacerle creer que iba a matarla. Por fortuna, todas las tardes, entre la hora en que salía del colegio y la hora en que llegaba su padre, Lisa podía marcharse a casa de una vecina para hacerle algunas compras, ordenar un poco su casa y ocuparse de su bebé. El tormento de cada tarde se convertía simplemente en un pasajero instante infernal porque, justo un poco antes, Lisa había conocido un momento adultista en el que había podido demostrarse a sí misma que era capaz de establecer relaciones sólidas y generosas. Cuando se anunciaba la pesadilla, Lisa conservaba en su interior la fe en la existencia posible de un mundo justo y afectuoso, existencia que solo le planteaba, como única condición, la de ir en su búsqueda, cosa que ella hizo durante toda su vida. A partir de la adolescencia, tan pronto como pudo marcharse, Lisa descubrió su talento para trabar relación con hombres, con amigas, con grupos, con países y con lenguas con los que poder compartir afecto y proyectos. El adultismo, que había sido una defensa de elevado coste durante su infancia, se convirtió en un factor de resiliencia cuando pudo cambiar de entorno. Hoy es directora comercial, habla cinco lenguas y vive en diez países, rodeada por mil amigos. Su vecina nunca sabrá hasta qué punto protegió a Lisa al permitirle que construyera en su fuero íntimo la prueba de que existían otras formas de vivir además de la de su familia, y al dejarle adquirir la creencia de que ella era capaz de vivir de ese modo distinto.

Cuando un medio familiar falla, una cierta estructura del barrio, una determinada forma de vivir en un pueblecito, la creación de circuitos profesionales de arte, de deporte o de psicología bastan para sembrar el germen de un proceso de resiliencia. La adquisición de un vínculo sereno puede lograrse en lugares que no son la propia familia.[77] Sin embargo, para eso es preciso que la cultura proponga lugares de apertura y deje de pensar en términos de relación unívoca, términos según los cuales una única causa solo es capaz de provocar un único efecto.[78]

El joven que se apresta a doblar el cabo de la adolescencia emprenderá esta prueba difícil y apasionante pertrechado con la idea de sí que se haya construido durante su historia. En el instante en el que Lisa huía de su padre, que la perseguía armado con un sable, ponía en práctica un «sálvese quien pueda» adaptativo y no un mecanismo de resiliencia. Solo más tarde, en la representación de ese acontecimiento, pudo decirse Lisa con orgullo: «Ahora que me he escapado, he ganado mi libertad, así que lo único que tengo que hacer es construir la vida más adecuada para mí. ¿Cuáles son los medios de que dispongo en mi intimidad y en mi entorno?».

El joven aborda el punto singular de la adolescencia provisto de un mosaico de pequeñas victorias. Empujado por la irrupción del apetito sexual que le obliga a abandonar a su familia, hace balance de los éxitos que legitiman su creencia en sus capacidades y en un mundo justo. Lo que equivale a decir que un joven que haya quedado prisionero de su pasado por una memoria abusiva, que haya permanecido encerrado en una familia hermética o autoritaria, que se haya visto privado de pequeñas victorias por la acción de un grupo excesivamente entregado, o que haya vivido en una sociedad débilmente estructurada, tendrá dificultades para hacerse resiliente.

77 F. A. Goosens y M. H. Van Ijzendoorn, «Quality of infant's attachment to professionnal caregivers: Relation to infant-parent attachment and day care characteristic», en *Child Development* 61, 1990, pp. 832-837.
78 R. A. Thomson, *Construction and Reconstruction of Early Attachment*, Nueva Jersey, Laurence Erlbaum, 1991, pp. 41-67.

El hecho de creer en un mundo justo da una esperanza de resiliencia

El sentimiento de la existencia de un mundo justo resulta bastante sorprendente cuando se conocen los hechos que han padecido estos niños apaleados, violados, expulsados y explotados. De hecho, esta noción de «creencia en un mundo justo» designa dos actitudes opuestas que no obstante participan en la resiliencia. La primera consiste en decir: «He sido una víctima inocente, pero es posible salir adelante porque el nuevo mundo que me acoge es un mundo justo». Esto corresponde aproximadamente a la ideología de las novelas populares del siglo XIX en las que Oliver Twist, Rémi y Cosette, niños machacados por unos adultos malvados, retoman su muy merecido florecimiento tan pronto como encuentran una familia burguesa o un grupo social justo. Estas novelas edificantes confieren una renovada esperanza a los heridos del alma y les invitan a adaptarse y a ocupar su lugar en la sociedad. La otra creencia en un mundo justo exige en cambio una rebelión: «He sido apaleado y expulsado del colegio, se ha impedido que me socializara, y he sido encarcelado o deportado. Y sin embargo, existe un mundo justo, basta con destruir esta sociedad y sustituirla por la del pensador, la del sacerdote o la del amigo en quien creo». En ambos casos, estas concepciones del mundo invitan a actuar con el fin de ocupar un lugar en una sociedad justa, ya establecida o por establecer.

Estos esquemas son los que corresponden a los antiguos niños de la Beneficencia que se han convertido en directores generales o en acaudalados industriales,[79] así como a los niños de la calle transformados en innovadores. Takano Masao, huérfano de guerra en Corea durante los años cua-

79 C. Rodhain, *Le destin bousculé*, París, Robert Laffont, 1986.

renta, sobrevivió en la calle gracias al trueque y a la mendicidad: «Me acuerdo de que vivía sin experimentar sentimientos. La tristeza, la alegría, el dolor, me eran perfectamente desconocidos [...]. Los polis nos trataban como a granujas o como a escoria de la humanidad y nos decían que nos apresuráramos a morir porque éramos unos parásitos de la sociedad».[80] Su destino dará un giro de 180 grados con un único encuentro. Mientras se muere de hambre en el parque de Tamahine, vertedero al que iban a parar los excluidos de Tokio, un trapero le da un bol de tallarines mezclados con tripas de perro. La vida vuelve a él, y, para establecer un vínculo con ese hombre, decide aprender a leer, igual que él. Durante el día, el niño trabaja en la calle para pagarse los estudios en las escuelas nocturnas (como aún sigue ocurriendo en Filipinas). En noviembre de 1966, una ley decretará la clausura de las clases nocturnas porque el trabajo de los niños se ha vuelto ilegal. Takano Masao comienza entonces a militar en favor de la causa de los niños y obtiene «el mantenimiento de 34 escuelas nocturnas [...]. Todas ellas, sin excepción, están llenas de huérfanos de nacionalidad japonesa, china [...], saturadas de coreanos [...], de refugiados del sureste asiático y de brasileños venidos a trabajar al Japón». En un contexto occidental, semejantes condiciones educativas constituyen una forma de maltrato, pero en un contexto de hundimiento cultural y social, la mendicidad y la escuela nocturna se convierten en tutores de resiliencia.

Es la atmósfera discursiva lo que atribuye al hecho su valor de destrucción o de reconstrucción. En una sociedad estable en la que los relatos hacen creer que todo el mundo ocupa su lugar en la jerarquía social, toda agresión ha de ser justificada: «Es curioso, esa gente que siempre se hace la víctima. ¡No tienen más que lo que se merecen! ¡No es

80 M. Jolivet, *Homo japonicus*, París, Piquier, 2002.

casualidad lo que les ocurre!». La imposibilidad mental de cuestionar la propia noción de jerarquía impide que los testigos de la agresión traten de ayudar a los heridos. Y para no sentirse culpables, tienen incluso tendencia a desvalorizar a la víctima:[81] «Sin duda, las mujeres violadas se lo han buscado», «los niños abandonados padecían ciertamente alguna encefalopatía o eran autistas ya antes del abandono», «los delincuentes han salido indudablemente de entornos pobres». Reina el orden.

¿Es posible convertir a una víctima en una gran figura cultural?

Desde hace varias décadas, los estereotipos culturales han experimentado un gran cambio. Hoy nos identificamos más bien con el agredido. Tendemos casi a pensar que es una especie de iniciado, ya que se ha codeado con la muerte. Tiene algo que enseñarnos sobre el mundo invisible del que ha regresado. Le concedemos la palabra, le convertimos a veces en una gran figura cultural cuando su relato se corresponde con la expectativa social. Entonces, aparecen víctimas falsas que cuentan horribles aventuras extremadamente verosímiles y bellas. Binjamin Wilkomirski escribe *Fragments*, un librito en el que cuenta su infancia en Polonia, «en distintos barracones infantiles de los campos en los que los nazis encerraban a los judíos».[82] Cuando cuenta su experiencia en Auschwitz y su encuentro con Mengele, el médico que hacía experimentos y torturaba a Wilkomirski, que le habría sido entregado por su padre adoptivo, la narración corresponde

81 C. Chalot, «La croyance en un monde juste comme variable intermédiaire de réaction au sort d'autrui et à son propre sort», en *Psychologie française* 25(1), marzo de 1980.
82 E. Lappin, *L'homme qui avait deux têtes*, *op. cit.*, p. 15.

tan fielmente a todos los estereotipos que uno espera encontrar que se convierte en un relato lo suficientemente hermoso como para resultar míticamente cierto. La idea de una belleza horrible se corresponde con la estética de osario que tanto gusta a una sociedad cebada. Ciertas imágenes provocan la sensación de estar frente a un acontecimiento. En estos casos, hablamos de ellas, nos emocionamos, nos indignamos, acudimos rápidamente a prestar socorro, y nos otorgamos el derecho de agredir al agresor. Por fin nos sentimos bien. Ha ocurrido algo bello, un momento de existencia en nuestra insípida vida. Ha sido necesario ver, comprender, leer, hablar, reunirse y asociarse para prevenir semejantes monstruosidades. Uno se siente hermoso ante semejantes fealdades, uno es generoso frente a las injusticias, hemos sido valientes al encarar a los monstruos. Nosotros, los normales, tenemos necesidad del horror que padecen las víctimas para revelar nuestra grandeza íntima.

Binjamin «Wilko» habla con acento yiddish, padece una fobia causada por los trenes «de deportados», mueve sin cesar los pies «para espantar a las ratas que en el campo le corrían por encima». Los verdaderos supervivientes se percataron enseguida de la acumulación de estereotipos. Sin embargo, los estereotipos solo poseen la fuerza de los estereotipos porque se corresponden con la glotonería de los normales que se deleitan con el aspecto kitsch de la Shoah. Desde luego, cuando se ha conocido Auschwitz se ha sufrido, pero no solo se ha sufrido. También se ha experimentado un instante de amistad, un destello de belleza que nos permitió soportar lo insoportable. El sufrimiento cambió de forma tras la Liberación, cuando el hecho de hablar de ese sufrimiento provocaba la incredulidad o la respuesta moralizadora de los liberadores: «¡Qué! ¿Habéis comido basura? ¡Sois unos cerdos!», decían los generosos estadounidenses, que no sabían que *Schwein* (cerdo) era justamente el insulto preferido de los nazis. Cuando «un relato está sujeto a una norma, a una convención, [se convierte en] una letanía que se instrumentaliza durante mucho tiempo. La memoria queda formateada. Tiene tendencia a convertirse en vulgata».[83]

Esta es la razón de que las personas cercanas a los supervivientes aceptaran con placer el horrible cuento de hadas de Wilkomirski, un cuento que se correspondía con la idea que ellos se hacían de esa realidad. Y esto sin mencionar el hecho de que un relato siempre es más conmovedor, más hermoso y más convincente que un informe administrativo.

La actitud cultural que permite el desarrollo de un mayor número de resiliencias individuales es la que evita los extremos. Desvalorizar a una víctima para respetar el orden establecido no da mejores resultados que colocarla sobre un escenario para deleitarse con su relato. Sin embargo, «desde los años ochenta, los poderes públicos prestan una atención particular a las víctimas».[84] Una vez que se ha reconocido su condición, la víctima puede existir socialmente como quien ha sufrido un accidente. Puede entonces «desvictimizarse» al trabajar en su resiliencia.[85]

Cómo descongelar a un niño helado

Durante toda nuestra existencia nos implicamos en los acontecimientos con el capital que nuestra historia ha impregnado en nosotros. Cuando se ha acompañado durante décadas a los niños maltratados, se observa que se

83 R. Robin, «La judiciarisation de l'holocauste», en *La lettre des amis de la CCE* 29, febrero de 2000, p. 14.
84 G. Lopez y A. Casanova, *Il n'est jamais trop tard pour cesser d'être une victime*, Bruselas, EDLM, 2001, p. 88.
85 A partir del año 2000, la ministra de la Familia, Ségolène Royal, hizo un programa de acción social basado en la resiliencia de las víctimas.

implican en su primer encuentro amoroso con todos los aspectos dolorosos que su pasado les ha enseñado, pero también con todo lo que les ha enseñado en materia de defensas constructivas.

En conjunto, los niños maltratados adquieren una gran vulnerabilidad frente a toda pérdida afectiva porque no han tenido ocasión de aprender a conservar la esperanza de ser amados, ni la posibilidad de hacer que les consuelen. Se colocan en una posición segura evitando amar, y después se sienten muy tristes por no poder amar.[86] Sufren menos, eso es todo. En esa población de vínculos de evitación es posible individualizar algunos subconjuntos. Un grupo de 62 niños maltratados fue observado en la guardería, en el colegio, y finalmente en la institución que les acogió.[87] Aproximadamente una tercera parte de estos niños había sido violentada físicamente. En la guardería, tras un corto período de evolución en la periferia debido a sus dificultades para entrar en el grupo, lograron finalmente ocupar su lugar de un modo muy manifiesto, a veces un tanto agresivo. Los niños violentados verbalmente tuvieron mayores dificultades para integrarse. Permanecieron mucho tiempo inhibidos y desorganizados, sin establecer ninguna interacción con sus compañeros o respondiendo de una forma desconcertante, imposible de descodificar. Ese comportamiento adquirido en casa y expresado después en la guardería y en el colegio disminuía sus posibilidades de encontrar a un pequeño compañero que hubiera podido ejercer la labor de un tutor de resiliencia.

86 L. S. Éthier, «La négligence et la violence envers les enfants», en *Psychopathologie de l'enfant et de l'adolescent: Approche intégrative*, Boucherville, Quebec, Gaëtan Morin, 1999, p. 604.

87 M. Erickson y B. Egeland, «Child neglect», en J. Brière, L. Berliner, J. A. Buckley, C. Jenny y T. Reid (comps.), *Handbook of Child Maltreatment*, Thousand Oats Sage Publications, 1996, pp. 4-20.

Los niños que han sido desatendidos constituyen el tercer grupo. Por razones parentales variables (una madre muy joven, muy pobre y terriblemente sola), estos niños se encontraron en una situación análoga a la de los aislamientos sensoriales que registra la etología: falta de contacto, falta de mímica, ausencia de palabras y de juegos, un mínimo de cuidados rápidos, silenciosos, automáticos... Es esta población la que se vio más alterada. Hasta la edad de 6 años, presentaban muchos comportamientos de retraimiento, una glaciación afectiva, ausencia de juegos y de creatividad, numerosos gestos de inseguridad (protección de la cabeza levantando los brazos al menor ruido), notable desaceleración de los gestos y de las palabras, pasividad frente a las pequeñas agresiones de los compañeros. El comportamiento «que parece tener unas consecuencias más desastrosas en el desarrollo socioemocional del niño y en su desarrollo cognitivo [es] la negligencia parental».[88] Es preciso señalar no obstante una pequeña brasa de resiliencia: es en este grupo donde hemos observado algunos escenarios adultistas, como si estos niños desatendidos hubieran tratado de preservar un vínculo tomando a su cargo al padre que causaba el maltrato.

Por consiguiente, es posible que la forma del maltrato organice alrededor del niño un entorno sensorial que, de manera preferente, convierta en tutor un tipo de alteración y un tipo de resiliencia. Todos los niños están alterados, pero la alteración y las estrategias de resiliencia parecen diferentes. Los niños físicamente maltratados adquieren una sensibilidad emocional que les costará dominar durante la adolescencia. Sin embargo, conservan un impulso que les mueve hacia los otros, un impulso que más tarde les ayu-

88 P. K. Trickette y C. Mc Bride-Chang, «The developmental impact of different forms of child abuse and neglect», en *Developmental Review* 15(3), 1995, pp. 311-337.

dará a socializarse. Los niños verbalmente maltratados pasan a engrosar la población de los humillados, de aquellos cuya propia estima ha sido aplastada. Sin embargo, entre ellos encontramos el mayor número de resiliencias imaginarias, míticas o heroicas. Los niños desatendidos son los que sufren mayor daño. Son ellos los que ponen en marcha el menor número de defensas constructivas. Salvo en los casos en que sigue siendo posible la interacción con un adulto que no les atiende pero que es infantil, ya que con él, el pequeño resiliente podrá intentar la estrategia del adultismo.

Para analizar el problema, es preciso constituir unos grupos distribuidos en categorías clínicas (de violencia física, verbal, o de víctimas de la desatención). Sin embargo, en la aventura humana espontánea, estas categorías rara vez están claras, ya que un niño golpeado puede ser al mismo tiempo insultado y posteriormente arrojado al sótano, circunstancia que no es rara. Una situación espontánea puede sacar a la luz una brasa de resiliencia importante: la plasticidad de las respuestas del niño.

Hans tenía 2 años cuando desapareció su padre, tragado por la guerra. Inmediatamente después, la afectividad de su madre se extinguió y el niño tuvo que sobrevivir en un entorno que le desatendía, pese a que había sido cálido durante los primeros años. Habiendo adquirido la huella de un temperamento sereno, Hans siguió orientándose hacia su madre inerte hasta el día en que tuvo que ser hospitalizada y también desapareció. Hans, huérfano a los 4 años, fue ingresado en una institución. Durante los años que siguieron, y debido al desmoronamiento social de la Alemania de posguerra, Hans conoció muchas y diversas instituciones. Cuando, al llegar a la adolescencia, Hans repasaba su vida, sentía extrañeza al constatar las diferencias del cuadro clínico que había manifestado en función de las instituciones.

Al principio, se anestesió con el fin de sufrir menos y también porque no había ningún adulto que tuviera tiempo para dirigirle la palabra. Sin embargo, en ese desierto afectivo, unas pocas llamitas de resiliencia le permitían conservar la esperanza. En Essen, un «monitor» que vigilaba a 40 niños los reunía todas las tardes y les contaba hermosas historias de guerra. Esas fanfarronerías heroicas pueden parecerle obscenas a un observador de tiempos de paz, pero fueron capitales para Hans, que por fin podía imaginar a su padre muriendo noblemente en defensa de su país, mientras que antes de esas bellas historias trágicas, el niño trataba de no imaginarse a su padre para evitar la estampa, tantas veces expuesta, de los cadáveres boquiabiertos, pestilentes y macerados en el lodo. El azar de las decisiones administrativas le llevó más tarde cerca de Erfurt, donde un millar de niños habían sido recogidos en un castillo. Unos cuantos adultos desbordados vivían consagrados a la contabilidad y a la búsqueda de alimento. Entonces, lejos de los responsables, una pandilla de pequeños camorristas con edades comprendidas entre los 10 y los 14 años hacía imperar su ley. Hans se codeó con ellos sin admirarles. Se volvió, al igual que ellos, un tanto pendenciero, algo ladrón y no poco orgulloso de haber sabido perforar un túnel para pasar debajo de la verja de la propiedad. Sabía colarse por la noche en el economato a través de una ventana rota. La venta de esas raterías en la calle era motivo de acontecimientos divertidos, de buenos negocios, de huidas desenfrenadas. Un día, sus compañeros de delincuencia fueron detenidos y trasladados a otra institución. Hans logró que no le cogieran. Su pequeña delincuencia cesó ese mismo día. Sin embargo, cuando lo rememoraba, se decía que si le hubieran atrapado habría sido probablemente catalogado como «delincuente», y esa palabra procedente del exterior habría pasado entonces a formar parte de su identidad.

Aprender a amar a pesar del maltrato

Le extrañaba mucho la gran atracción que sentía por las chicas. A partir de los 4 años, antes de todo apetito sexual, el simple hecho de estar al lado de una niña le proporcionaba un sorprendente y feliz sosiego. Su linda persona, la gracia de sus gestos y su gusto por la palabra convenían muy bien a Hans, que se las arreglaba para estar siempre junto a ellas. Sin embargo, se aburría con los juegos de las niñas, y prefería las carreras de los chicos, las peleas, las constantes competiciones, las reglas que era preciso negociar una y otra vez. Tan pronto como terminaba la partida, se acercaba a una chica y cambiaba de mundo afectivo. Un domingo en el que los niños habían recibido de postre un trozo de bizcocho, Hans robó la porción que le correspondía a uno de los chicos mayores. El muchacho se dio cuenta y le persiguió durante mucho tiempo por todo el patio, dándole un puñetazo en la cara. Hans estaba aún conmocionado cuando una chiquilla se apartó del grupo para venir a consolarle diciéndole palabras amables. Ese día, Hans descubrió el placer de la afectividad y el precio que estaba dispuesto a pagar para obtener su parte. También descubrió la importancia de su emotividad. Siendo muy dependiente de la menor reflexión de los «monitores», que podían maravillarle o herirle tan solo con una palabra, adivinó el peso que tenía la afectividad.

Y con este modelado previo, con este aprendizaje afectivo, Hans abordó la encrucijada de la adolescencia. La irrupción apasionante y sorprendente del apetito sexual apelaba en él a todo lo que había adquirido desde su más tierna infancia y que ahora tendría que expresar en su compromiso sexual.

Permanecer junto a una chica antes de la aparición del deseo sexual no provoca en absoluto la misma sensación que después, es decir, una vez que uno ha podido decirse:

«El simple hecho de verlas provoca en mí una sensación deliciosa que me posee. Ya no experimento lo mismo que antes hacia las mujeres. Esta nueva percepción me proporciona un gran placer porque he aprendido a dar forma a mis emociones y porque los adultos me han ayudado a ello al proponerme modelos culturales». Sin embargo, la misma emoción emergente puede provocar angustias en aquellas personas cuyo pasado les ha impregnado de una efervescencia incontrolada. Estas personas reproducen los mecanismos habituales de defensa contra la angustia: «Me inhibo, me paralizo para impedir toda explosión. También puedo pensar que lo que siento en mi cuerpo es una enfermedad, será menos angustioso que pensar que se trata de una pulsión sexual que no sé a dónde puede arrastrarme. Y también puedo volverme agresivo, porque la agresión constituye con frecuencia uno de los disfraces del temor».

Las mil formas que adoptan los amores nacientes siempre provocan metamorfosis. Algunos adolescentes se apaciguan, florecen e inician un proyecto de vida, otros se vuelven ansiosos, y los hay que se derrumban, desgarrados por una pasión insoportable.

Para comprender estas evoluciones tan diferentes se establecieron dos grupos de niños de edades comprendidas entre los 12 y los 18 meses. Una vez que uno de los grupos hubo adquirido un vínculo protector, su evolución se comparó con la de un grupo que poseía un vínculo no protector. Veinte años más tarde, estos niños fueron nuevamente examinados durante una charla semidirectiva que les invitaba a relatar su primer amor.[89] Los testimonios grabados fueron posteriormente puestos a disposición de un lingüista que realizaba con ellos un análisis semántico.

89 C. Hazan y C. Shaver, «Attachment as an organizational framework for research on close relationships», en *Psychological Inquiry* 5, 1994, pp. 1-22.

Por definición, el primer amor termina mal. (Dado que es el primer amor, lo cual significa que hubo un segundo amor). La gran mayoría de los chicos con vínculo sereno designó el acontecimiento con las palabras «feliz», «amistoso», «lleno de confianza», «con sus altos y bajos», «no demasiado doloroso», «tierno». Sin razón aparente, el 18 % de los jóvenes se derrumbó en ese momento.

En el grupo de los chicos y chicas con vínculos de carácter no protector, el primer amor recibió las connotaciones transmitidas por las palabras «dolor», «celos», «tristeza», «desagradable». Sin embargo, el 28 % de ellos mejoró de forma sorprendente. La mayoría de los chicos y chicas de vínculo sereno se implicaron en el primer amor con un estilo afectivo que les hacía estar atentos al otro, pero sin perderse en él, sin dejar que su personalidad desapareciese, sin vivir «el amor como un trauma».[90] La levedad de su vínculo permitió que no se dejaran devorar por el instante amoroso ni vaciar por la separación. Siguieron siendo ellos mismos tanto en la euforia como en la tristeza.

La mayoría de los vínculos de carácter no protector sufrieron durante su primera experiencia. El éxtasis amoroso desencadenó un dilema ansioso que sus palabras encontraron difícil precisar: «Es maravilloso, la quiero [...] Es aterrador, voy a perderla [...]. Para conservarla voy a perderme en ella [...]. Ella ha destruido mi personalidad: la detesto». (Desde luego, es posible poner estas mismas palabras en boca de una mujer).

Los adolescentes cuyo vínculo era de carácter protector aprovecharon incluso la prueba a que les sometió el primer amor para mejorar la relación futura de su segunda experiencia: «Creo que ahora sé amar mejor. Hay que dar, sin duda, pero sin dejar que nos expolien». Por su parte, fue

90 A. Duperey, *Allons plus loin, veux-tu?*, París, Le Seuil, 2002.

frecuente que los chicos de vínculo no protector, heridos por su primer amor, tuvieran después miedo a amar. Para un gran número de ellos, la plenitud del sentimiento amoroso se transformó en fascinación por la muerte: «El 45 % de los adolescentes muertos a consecuencia de un suicidio [...] había perdido a uno de sus padres durante sus primeros años, ya fuera por fallecimiento, ya como resultado de un divorcio».[91] La adquisición muy precoz de una vulnerabilidad afectiva ha solido quedar con mucha frecuencia enmascarada, durante los posteriores años de la infancia, por un carácter excesivamente serio, por una incapacidad para tomarse las cosas a la ligera. La mayor parte del tiempo, los comportamientos que habrían podido revelar la vulnerabilidad afectiva del niño han sido mal interpretados por los educadores. Si un niño se convierte en un buen alumno porque siente angustia tan pronto como levanta la nariz de su libro de texto, será considerado un niño estudioso. Si un niño se queda pegado a sus padres, llenándoles de besos constantemente y cubriéndolos de regalos, será calificado como «muy afectuoso», cuando en realidad su comportamiento obedece a un hipervínculo ansioso mediante el cual intenta querer a sus padres, a toda prisa, antes de su inminente muerte. La intensidad amorosa que despierta los elementos que componen la personalidad, desvela también estos puntos débiles y provoca el hundimiento.

Remendarse tras el desgarro

El problema consiste ahora en preguntarse de qué modo puede la pérdida precoz de uno de los padres (por muerte o

91 M. Tousignant y M.-F. Bastien, «Le suicide et les comportements suicidaires», *op. cit.*, p. 527.

por divorcio) provocar una vulnerabilidad que, veinte años después, acarreará el derrumbamiento de un cierto número de adolescentes enamorados, mientras que otros adolescentes que se encuentran exactamente en las mismas circunstancias vivirán el encuentro amoroso como un apuntalamiento de su personalidad, como un potente tutor de resiliencia.

De hecho, la muerte y el divorcio son, respecto de un acontecimiento, dos referencias tan evidentes que les hemos atribuido con excesiva precipitación la vulnerabilidad adquirida del niño. Los trabajos posteriores han demostrado claramente que la culpabilidad ligada a estos acontecimientos inscribe en la personalidad del niño un resquebrajamiento que más adelante terminará en rotura. Un niño bien apuntalado por el vínculo parental se siente menos culpable cuando desaparece uno de sus padres. Si encuentra sustitutos adecuados, continuará realizando un desarrollo armónico. Hasta el día en que oiga a su alrededor la letanía de los estereotipos culturales, que sostienen que un huérfano, o el hijo de padres divorciados, han de sufrir de forma cruel. Entonces el joven sentirá vergüenza de su bienestar, y, al conocer a su primer amor, tratará de probarse que no es un monstruo mostrándose amable en exceso y desmesuradamente centrado en el otro. A partir de ese momento, el efecto del primer amor por el que se anula o, al contrario, se apuntala la personalidad depende de la pareja, de su propia personalidad y de su historia. Esa pareja puede aprovecharse de la oblatividad excesiva del adolescente que tiene dificultades para digerir su duelo, arrastrarlo a una caída, utilizarlo para ver satisfecho lo que le resulte necesario, y después despreciarlo por haberse dejado dominar tan fácilmente. El primer amor adquiere entonces un regusto amargo: «Después de todo lo que he hecho por él (o ella), me he dejado embaucar», dicen frecuentemente estos chicos o chicas jóvenes, que se sienten desgraciados por haber dado tanto y que experimentan amargura por haber sido víctimas de una estafa afectiva para la que, sin embargo, eran candidatos inconscientes.

A veces ocurre que el chico se siente maravillado por haber encontrado una enamorada tan entregada. Desconoce que también ella se siente sorprendida de que alguien esté dispuesto a amarla. Él no sabe que la inestabilidad de ella queda «curada» por la seguridad afectiva que acaba de darle. Entonces, el período delicado del adolescente herido induce una superación exitosa del trance, y su existencia se vuelve resiliente. En tal caso, la asociación de ambas vulnerabilidades habrá robustecido a la pareja.

Lo que culpabiliza a un niño que vive una situación de duelo es la relación conflictiva que sus padres habían establecido antes de morir, una relación en la que ese niño había encontrado difícil desarrollarse. Más tarde, los discursos difundidos por las familias de sustitución y por la cultura en relación con esa muerte, calificándola como heroica o vergonzosa, como merecida o injusta, habrán calmado o agravado el sentimiento de culpabilidad. Todo joven herido se encuentra en el centro de una constelación de determinantes con los cuales ha de establecer una negociación constante.

Podemos comprender los efectos del divorcio mediante un razonamiento similar. No será la separación de los padres lo que provoque la herida, sino la carga afectiva que se le atribuya. Cuando el padre es enviado al extranjero para realizar una misión bien valorada socialmente, cuando la madre ha de ausentarse para realizar una proeza intelectual o artística, los niños ya crecidos viven esta separación como una prueba gloriosa. Sin embargo, cuando los padres se encuentran abrumados porque se obligan a sí mismos a permanecer en casa, en compañía de su enemigo íntimo, no constituyen unos tutores de desarrollo mejores que unos padres separados pero tranquilos que propongan, pese a todo, un entorno modificado en función del desarrollo de sus hijos.

En sí misma, una separación no es gran cosa, salvo para un bebé, que vive en lo inmediato y tiene necesidad de una presencia constante. Para un niño ya crecido, los elementos que atribuyen su significado al acontecimiento son el contexto social y el encadenamiento de los hechos. Una separación puede vivirse como una pequeña aventura, o, al contrario, el niño puede sufrir por ella si se ha visto inmerso en el odio o si los acontecimientos posteriores le transmiten un significado de pérdida o de culpabilidad. La constitución de otra pareja por parte de la madre, inmediatamente después del divorcio, hiere más a los niños que si es el padre quien hace eso mismo, porque el divorcio de los padres se anuncia casi siempre en edades comprendidas entre los 6 y los 10 años, es decir, antes de «la adquisición de su plena autonomía afectiva»,[92] y porque la vinculación a la madre no es del mismo tipo que la vinculación al padre.

Lo que hiere a un niño y le prepara para atribuir una connotación dolorosa al primer amor es el rechazo insidioso, no un acontecimiento espectacular. La imposibilidad de tejer un vínculo afectivo de carácter protector y la espera de la inminente separación enseñan a estos niños a vivir con la angustia de la pérdida. Es en el seno de esta población donde encontramos el mayor número de situaciones traumáticas invisibles.

Esos golpes se asestan casi siempre sin testigos. Las siguientes frases: «Siento que no murieses el día en que naciste..., habría sido mejor que el médico no hubiese conseguido reanimarte..., habría preferido que fueses tú quien muriese y no tu hermano pequeño» no son raras. Al ser pronunciadas en la intimidad, el efecto corrector del entorno no tiene posibilidad de actuar: «Exageras... Mamá está nerviosa...». En estos casos, el niño vive conservando esa frase

92 *Ibid.*, p. 527.

en la memoria, y la aplica al más mínimo acontecimiento cotidiano. Cualquier retraso que pueda sufrir su madre cuando ha de ir a recogerle al colegio significa: «Me va a abandonar». Toda observación del tipo: «Otra vez con anginas» quiere decir: «Desea que me muera de anginas». El menor acontecimiento mantiene abierto el desgarro, impide la adquisición de los recursos internos de la resiliencia, y, dado que la agresión ha sido de carácter íntimo, tampoco existirán recursos externos. Todo está dispuesto para el traumatismo, y los testigos dirán: «No comprendemos por qué la encantadora prueba del primer amor ha provocado semejantes destrozos. Es realmente una muchacha muy frágil».

Uno de cada cinco niños que intenta suicidarse ha sido testigo directo del homicidio o del suicidio de uno de sus padres.[93] Llegará a la adolescencia con la idea de que una pena de amor puede justificar la muerte, porque, durante los años anteriores, no habrá podido aprender la esperanza —uno de los recursos internos de la resiliencia—. Para él, la cuestión estriba en amar o morir.

La cultura es la encargada de avivar las brasas de la resiliencia

Nunca he escuchado el relato de una infancia más difícil que la de Juliette. Su madre había deseado morir al traerla al mundo, y la desesperación que sintió por tener un bebé había sido tan grande que lo había desatendido durante varios meses. Inerte, inmóvil, con los ojos fijos en el techo, Juliette no estaba muerta y, sin embargo, no vivía —hasta el punto de que el médico tuvo que mandarla hospitalizar para

93 M. J. Paulson, D. Stone y R. Sposto, «Suicide potential and behavior in children ages 4 to 12. Suicide and life», en *Threatening Behavior* 8(4), 1978, pp. 225-242.

que se reanimara—. Tras pasar por diversas instituciones, dado que su madre iba mejor y que en esa época la ideología del vínculo impedía pensar en la separación, la niña fue devuelta a su hogar. Por espacio de algunos años, Juliette se desarrolló en un entorno afectivo compuesto por una madre aislada, abatida, silenciosa, mecánica, sujeta a súbitos accesos de violencia contra sí misma, durante los cuales se golpeaba con la cabeza contra las paredes, aullaba de desesperación o se cortaba las venas delante de la niña. La pequeña Juliette, fascinada por este objeto afectivo lúgubre y explosivo, no conseguía interesarse en nada que no fuera su madre, hacia quien manifestaba un hipervínculo ansioso. Por consiguiente, vivió el hecho de que la confiaran a una cuidadora como un desgarro inmenso, y no dejaba de gritar día y noche, rechazando todo lo que viniese de esa mujer. En pocos días, la cuidadora empezó a odiar a la niña y reveló un sadismo hasta entonces soterrado. Ataba a Juliette a una silla, le pegaba preparando detenidamente sus golpes, de modo que la niña quedara aterrorizada, y después, para relajarse, se iba a dar una vuelta tras haber dejado a la niña atada a una silla en un sótano sin luz. De vez en cuando, Juliette iba al colegio, donde se burlaban de ella. La agredían porque estaba sucia, apestaba, tenía la cabeza rapada, iba mal vestida y llevaba unos zapatos que prácticamente no tenían suela. Alelada en un rincón, Juliette se sentía idiota por lo mucho que le costaba entender lo que a los demás les parecía fácil. A la edad de 14 años, cayó en manos de cuatro vagabundos y fue violada y apaleada durante largo tiempo en un tugurio. Después, al volver con la cuidadora, recibió una nueva paliza por haber llegado tarde.

Con esa historia alcanzó la adolescencia. Se escapaba, dormía en viviendas ocupadas ilegalmente e insultaba a cuantos querían ayudarla. Con todo, quienes la conocíamos debíamos haber advertido la presencia de algunas brasas de resiliencia: un sueño loco, totalmente ilógico, casi delirante dado lo muy inalcanzable que era. Para sentirse mejor, Juliette se aislaba en un rincón de la cocina y soñaba como una loca que cocinaba y esperaba a un amable marido que estaba a punto de volver del trabajo. Juliette imaginaba también un sueño diurno que juzgaba menos romántico: se volvía muy grande y muy fuerte, regresaba a casa de la cuidadora y le arrancaba el cuero cabelludo. En un hogar de acogida situado cerca de Niza le enseñaron a lavarse, a vestirse correctamente y a expresar sus opiniones de un modo que no fuese el de la pelea. Como era guapa y hacía el payaso sin parar, atrajo a algunos chicos. Así fue como se enamoró, soñó que se casaba vestida de blanco, realizó progresos culinarios y manifestó su amor por la posesión de cada gesto y cada instante de su compañero. El chico se dejó desposeer dócilmente de su personalidad, y tuvo dos hijos con ella, un niño y una niña, hasta que llegó el día en que ella le mandó a paseo porque había hablado demasiado tiempo con otra mujer. Juliette se sintió extrañada al constatar que detestaba a su hija, «que le hacía recordar a su cuidadora». Juliette la rechazaba siempre, pero le habría dado vergüenza pegarle. Y en cuanto al niño, tomó a la madre a su cargo tan pronto como cumplió los 6 años. El chico la besaba cuando estaba triste y le traía pasteles cuando se refugiaba en la cama. Juliette se sintió mucho mejor cuando el chico se convirtió en un buen alumno. «Su éxito me da nuevas fuerzas», decía Juliette. La chica la abandonó siendo muy joven porque se sentía rechazada, y el chico se marchó siendo también muy joven para continuar su desarrollo de un modo que no consistiese en consagrarse en procurar alivio a su madre.

Hoy, Juliette vive sola en una habitación de contraventanas siempre cerradas, y se gana la vida haciendo las compras de las personas de edad, las únicas con las que se siente en paz.

Nadie sopló sobre una brasa de resiliencia. Cuando era un bebé, la ideología del vínculo la devolvió a una madre aún demasiado quebrantada para poder ocuparse de ella. En vez de someterla a una cuidadora sádica, se la podría haber integrado en algunos grupos de niños arropados por educadores de talentos diversos (arte, deporte, palabra). Esos educadores habrían podido enseñarle a utilizar su humor y a transformarlo en una fuerza enfocada a la relación. Su belleza era también un factor de resiliencia, injusto pero utilizable. El hecho de acicalarse, de maquillarse, de vestirse bien, permite poner sobre el propio cuerpo aquello que viene del fondo del yo y prepararse para el diálogo verbal y afectivo. Dado que ella misma se extrañaba de la forma tan posesiva que tenía de amar, una novela, una película, una obra de teatro habrían podido bastar para plantear el problema de su relación de tipo dominante, del odio que sentía hacia su hija o del adultismo de su hijo. ¿Tal vez entonces habría logrado evolucionar?

La cultura de la época no le propuso ningún tutor de resiliencia. Solo a expensas de una grave amputación de su existencia consiguió sufrir menos.

La historia de Juliette ilustra hasta qué punto podría haber sido tejido, en cada fase de la edificación de su personalidad, el primer nudo de resiliencia, aunque hubiese sido un nudo de naturaleza diferente en cada una de esas fases: sensorial en el caso de un bebé con el fin de provocar la familiaridad; expresado en imágenes más tarde para perfilar una figura de vínculo estable; relacional en el colegio para poner en marcha el placer de las novedades que es preciso explorar; sexual y social durante la época de la adolescencia cuando el joven hace balance del capital que ha acumulado su persona en el bagaje de su pasado y que trata de invertir con el máximo interés para su porvenir.

En nuestra cultura, parece que el número de los niños desatendidos está en pleno crecimiento. Es un maltrato difícil de observar, ya que estos niños no reciben palizas ni son violados ni abandonados. Y sin embargo, la ausencia de una estructura afectiva y social en torno del niño provoca la existencia de desarrollos alterados. El control emocional se aprende mal, las figuras del vínculo protector no se reconocen, toda novedad provoca miedo en vez de placer, y, por consiguiente, es fácil darse cuenta de que, en la adolescencia, la intensidad del apetito sexual y el enorme envite de la aventura social provocan más pánico que dulces ensoñaciones.

Asumir riesgos para no pensar

La defensa adaptativa habitual en estos niños desatendidos consiste en buscar el sosiego a través del embotamiento afectivo y por medio de la creación de un mundo autocentrado. Con este capital doblan el cabo de la adolescencia. No habiendo disfrutado de ningún apuntalamiento, nunca han tenido ocasión de aprender a contar con los demás, y por tanto no han podido descubrir cómo se obtiene ayuda. Los bebés desatendidos se anonadan en un marasmo, los huérfanos aislados se sienten tan angustiados por todo contacto afectuoso que se dejan hundir en el agua cuando les bañan o dejan el cuerpo muerto en el suelo cuando alguien quiere ocuparse de ellos. Los niños crecidos educados en situación de carencia afectiva aplastan los regalos a patadas o los olvidan tan pronto como los han recibido.

Cuando llega la llamarada de la adolescencia, todo encuentro provoca una crisis. Si alguien les habla con amabilidad se sienten angustiados, y si no se les habla con amabilidad se desesperan. Los adolescentes que se han visto suficientemente apuntalados por el afecto y las estructuras sociales se lanzan a esa aventura con una excitación gozosa. En caso de sufrir una pesadumbre leve, se las arreglan para extraer pese a todo el beneficio de una experiencia. No es eso lo que sucede con los niños que han sufrido una carencia, ya que para ellos toda elección es una crisis: «La sexualidad que deseo me angustia terriblemente. ¿Cómo va a quererme una mujer? Y si queda embarazada, o si simplemente tiene a bien salir conmigo, estoy dispuesto a someterme a esa mujer, una mujer a la que no quiero, porque si me quedo solo me veré desesperado. La sexualidad solitaria me desespera, y el encuentro que tanto deseo me angustia».

El nacimiento del deseo sexual ha desencadenado el pánico. Muchos adolescentes sufren por ello y encuentran soluciones vagamente adaptativas como la huida, la claudicación, la inhibición, la agresión por efecto del temor, o la búsqueda de un culpable al que sacrificar. Sin embargo, prácticamente todos aquellos que han descubierto el proceso de resiliencia han aplicado el método de la domesticación del riesgo, un método que les ha permitido concederse un sentimiento de victoria.

El momento en que se tematizan las narraciones vitales surge con frecuencia durante este período sensible: «Solo puedo soportar los acontecimientos intensos», dicen con frecuencia estos adolescentes. Quedo voluntariamente prisionero del contexto porque la intensidad física y emocional me impiden rumiar mi pasado y temer por mi futuro. Me pongo en una situación que representa una prueba para que «el riesgo de lo real me permita escapar al riesgo de pensar».[94] El adolescente se siente mejor. Esta defensa, que es ciega, tal como él desea y que le permitirá salir victorioso, tal como

94 S. M. Consoli, «Du stress à la souffrance physique», en *Revue française de psychiatrie et de psychologie médicale* 4(38), mayo de 2000.

espera, habrá contribuido a construir parte de su identidad, ya que, tras el acontecimiento, tendrá al fin algo que decir.

Para un adolescente la cuestión radica menos en asumir un riesgo que en vivir una aventura edificante que le permita descubrir lo que vale. Y no hay duda de que lo que escenifica es una especie de iniciación y no un deseo de muerte:

«No me importaría suicidarme, me decía una jovencita de carácter dulce, pero tengo miedo de arrepentirme después». La búsqueda de la urgencia constituye un factor de protección cercano a la negación: «Ya ves que no tengo tiempo..., quizá más tarde», dicen aquellos que se sienten mejor cuando la urgencia de lo real les permite eludir las representaciones de sí mismos. Sin embargo, es una violencia que se autoimponen: «Estudio veinte horas al día para preparar esas oposiciones. Estoy agotado y sin embargo me siento mejor porque esta intensidad me da esperanzas de aprobar y me permite no pensar en mis relaciones familiares, que no son más que una larga desdicha».

Los vínculos protectores doblan con mayor facilidad el cabo de la adolescencia. La gran mayoría de ellos acepta como un juego la prueba de la sexualidad o la del compromiso social, acontecimientos que superan con el extraño placer que produce el temor de una conducción excesivamente rápida, o el que causa lanzarse gritando en un tiovivo cuyos asientos giran en el aire. Por esta razón, el 75 % de los vínculos protectores conserva este tipo de relación cuando las circunstancias se vuelven adversas. Más aún, dado que tienen necesidad del efecto de seguridad que les produce el vínculo, estos jóvenes, cuando se encuentran en una situación difícil, llaman por teléfono a sus figuras de vínculo, hacen esfuerzos para rodearse de amigos, o se abandonan a la regresión que les calma. Sin embargo, «un vínculo protector no es una garantía de por vida. Simplemente facilita la etapa ulterior del desarrollo y permite conservar una estabilidad interna provista de defensas positivas durante el torbellino de la adolescencia».[95] Y sin embargo, el 25 % de ellos sufrirá una caída al negociar esta curva. Al parecer son ellos quienes, debido al hecho de que han estado bien desarrollados y se han sentido bien seguros, se han visto privados de pruebas, y por tanto de victorias, en el transcurso de su historia vital.

Balizas culturales para la asunción de riesgos: la iniciación

Para los adolescentes bien desarrollados, todo enfrentamiento equivale a una iniciación. Y en cuanto a los que han conocido una situación de catástrofe educativa, no tienen elección, el trauma está ahí, y es muy real: hay que hacerle frente. Sin embargo, es preciso que adquiera un valor de iniciación para aquellos que se niegan a seguir heridos toda su vida. Esto es posible debido a que cerca de un adolescente de cada tres, pese a que no lo haga de forma intencionada, cambiará de estilo de vínculo y adquirirá una vinculación serena durante la adolescencia.[96] Podremos afinar esta cifra cuando comprendamos qué es lo que ha permitido a estos niños heridos convertirse en adolescentes realizados. Dos palabras pueden precisar esta evolución favorable: «tematización» y «apertura».

La primera palabra es «tematizar». Estos adolescentes tan asombrosos dejaron de padecer el trauma que les afectaba el día en que le confirieron un sentido: «Quiero comprender cómo puede eludir un niño maltratado la reiteración del mal-

95 B. Golse, «L'attachement à l'adolescence», en *L'Autre* 2(1), 2001, pp. 109-116.
96 E. Waters, S. Merrick, D. Reboux, L. L. J. Crowell y L. Albersheim, «Attachment security in infancy and early adult hood», en *Twenty-Year Longitudinal Study* 71(3), 2000, pp. 684-689.

trato». La generación de teorías es con frecuencia un acto defensivo, pero si la búsqueda transforma el significado del trauma, entonces dará sentido a la vida del buscador, un antiguo niño herido.[97] «Quiero tener una actividad militante para impedir que vuelva a producirse una guerra civil en Ruanda».[98] «Desde que tuve que sufrirlo en Polonia, no soporto ver que un país envía a su ejército para ocupar a otro».[99] El trauma, al tematizar la vida del herido, cambia el sentido de esa vida, se convierte en un combate y deja de ser un menoscabo.

La segunda palabra es «apertura». La liberación es una necesidad, incluso en el caso de un adolescente bien desarrollado. Debe encontrar un objeto sexual en una esfera exterior a su familia de origen y tejer con dicho objeto un nuevo vínculo para impedir el ahogo que le produce la atmósfera incestuosa en que vive. Sin embargo, para que esta liberación se vuelva posible, es preciso que converjan un conjunto de fuerzas heterogéneas. El adolescente ha de erotizar la exploración, si no seguirá prisionero de su familia. Es preciso igualmente que la cultura le proponga lugares y ocasiones para la liberación. Casi todos los niños maltratados que se han vuelto serenos durante la adolescencia han encontrado, antes que los demás, una ocasión para la autonomía precoz.[100] Si el adolescente tiene miedo del mundo, y

97 S. Vanistendael y J. Lecomte, *Le bonheur est toujours possible: Construire la résilience*, París, Bayard, 2000 [trad. cast.: *La felicidad es posible: Despertar en niños maltratados la confianza en sí mismos: construir la resiliencia*, Barcelona, Gedisa, 2002].

98 Y. Mukagasana, *Ils ont tué mes enfants*, París, Fixot, 1998.

99 S. Tomkiewicz, «L'enfant et la guerre», *Enfance majuscule* 31, octubre-noviembre 1996.

100 E. Mueller y N. Silverman, «Peer relations in maltreated children», en D. Cicchetti y V. Carlsen (comps.), *Child maltreatment: Theory and Research on the Course and Consequences of Child abuse and neglect*, Cambridge, Cambridge University Press, 1989, pp. 529-578.

si la cultura no le invita a la aventura, permanecerá envis-cado en su familia sin poder liberarse de ella. En una población de niños maltratados que hayan logrado calmarse encontraremos con frecuencia este llamamiento a la belleza que la cultura ha dispuesto en torno del pequeño herido: «Notre-Dame es mi capilla... El Sena me acoge. Mi historia fluye entre sus riberas. Cerca de sus orillas, nada temo».[101] Este factor de resiliencia externa que la sociedad ha de organizar se conjuga con un factor de resiliencia interna, el impulso hacia los otros que permite los encuentros: «Aquellos que se aman poseen una gran riqueza... Yo crecí en un infierno con la certeza de poseer un privilegio».[102]

De este modo, el problema queda perfectamente planteado. El trauma es un desgarro que, en los resilientes, termina por ejercer el efecto de una iniciación. El 75 % de los vínculos protectores inicia sin demasiado sufrimiento la superación del cabo de la adolescencia y conserva este estilo de vínculo que les protege. Viven el primer amor, la primera despedida, el primer trabajo, como una dificultad edificante, como una prueba seductora. Sin embargo, el 33 % de los vínculos de carácter no protector se benefician de estas pruebas, alcanzan su autonomía por medio de ellas y aprenden a amar de una forma agradable.[103] En estos grupos realizados, ningún adolescente escapa a las penalidades, y los hay que incluso, tras haber padecido los traumas de la infancia, consiguen triunfar sobre las dificultades que les plantea la adolescencia.

Como era de esperar, el 70 % de los vínculos no protectores han negociado mal la peligrosa curva de la adolescen-

101 C. Enjolet, *Princesse d'ailleurs*, *op. cit.*, p. 129.

102 *Ibid.*, p. 56.

103 La variabilidad de las cifras que se observa de un estudio a otro depende del lugar y del modo en que se recogen las informaciones, pero el orden de las magnitudes sigue siendo el mismo.

cia. La negativa a comprometerse, el hecho de que se avergüencen de sus orígenes, el temor que les inspira la sociedad, los fracasos afectivos, son circunstancias que les han encaminado a una existencia difícil. Sin embargo, y esto no nos lo esperábamos, durante la adolescencia el 25 % de los vínculos serenos se han transformado en vínculos gélidos, de evitación, ambivalentes o desorientados. Probablemente se trataba de falsos vínculos protectores, de niños que parecían amar por el hecho de ser ansiosos. Su gran tranquilidad expresaba una falta de placer en la vida, y sus buenos resultados escolares eran testimonio, no de un amor al colegio, sino del temor a los profesores.

La otra sorpresa consistió en constatar que si se satisfacen todas las necesidades del niño, si se le evitan hasta las menores pruebas, si se le ceba con amor y se le tiene prendido en la malla de nuestras protecciones, se le impide al mismo tiempo adquirir algunos recursos de resiliencia.[104]

La curva de la adolescencia es un momento crítico en el que cristalizan numerosos desafíos, cristalización que orienta nuestra existencia en una nueva dirección. En la medida en que el acontecimiento traumático es una escisión psíquica que obliga a metamorfosearse a quienes siguen viviendo a pesar de la magulladura, toda adolescencia es una curva peligrosa. Además, estos jóvenes experimentan con frecuencia la necesidad de escenificar una cierta proximidad con la muerte, un coqueteo con ella. Su erotización de la violencia atestigua, no una «necesidad de trauma»,[105] sino un apetito vital. Este acontecimiento es una forma de iniciación ya que forzosamente ha de haber una primera vez. Por consiguiente, se ven obligados a utilizar lo que su cultura pone a su disposición para convertirlo en un rito de iniciación. Sin

104 D. Pleux, *De l'enfant roi à l'enfant tyran*, París, Odile Jacob, 2002.

105 M. R. Moro, *Enfants d'ici venus d'ailleurs*, París, La Découverte, 2002, p. 102.

embargo, cuando la cultura deja de organizarles la situación, los adolescentes inventan un rito bárbaro: la conducción de riesgo, el sexo sin protección, las drogas, la delincuencia, la ociosidad y los viajes difíciles adquieren entonces un efecto estimulante, de identificación e integración: «Por fin pasa algo en mi vida..., mi historia personal contará a partir de ahora con acontecimientos excepcionales..., he recorrido un largo camino..., de ahora en adelante puedo ocupar un lugar sexual responsable entre los adultos».

Encontramos aquí una especie de resiliencia natural: «Necesito descubrir lo que valgo afrontando el mundo, para, de esa manera, poder dar forma a lo que soy haciendo un relato de mí mismo y poder comprender a qué aspiro soñando mi porvenir. Intelectualizo, dramatizo, mundializo mi prueba, me comprometo, amo, resulto chocante, hago reír». La frontera que separa la resiliencia natural y la resiliencia de los traumatizados que han vivido una iniciación a su pesar es estrecha. Se han codeado con la muerte, le han hecho una finta, algunos se han quedado en el infierno y otros se han vuelto... resilientes.

La adolescencia es una presión que induce el cambio. La pubertad modifica el cuerpo, el deseo solivianta las emociones, los encuentros afectivos reorganizan los vínculos parentales, y las aspiraciones sociales provocan el surgimiento de nuevas relaciones. Ni siquiera los jóvenes realizados escapan a estos cambios. Su familia y su cultura han puesto a su disposición unos circuitos que les proporcionan una orientación, una especie de raíles, la sugerencia de unos escenarios de porvenir entre los cuales los jóvenes escogen el que les parece más conveniente. La estructura de un entorno configura unas barreras de seguridad que permiten que el joven tome la curva y se sienta iniciado como un resiliente, pero sin el trauma, circunstancia que simplemente habrá rozado.

Cuando su desarrollo le ha vuelto vulnerable, cuando su familia está arruinada a causa de una enfermedad, de un conflicto grave o de una inmigración desgarradora, cuando la sociedad deja de organizar las barreras de seguridad y los ritos que permiten tomar la curva, el adolescente puede tardar mucho tiempo en ocupar su nueva posición de adulto.

«En los hijos de los inmigrantes existe una aguda necesidad de traumas [...], necesidad que es consecuencia de la lógica migratoria de los padres».[106] Con unas familias zarandeadas, unos ritos olvidados y una adolescencia prolongada, el joven está obligado a mantener su funcionamiento infantil, incluso en el caso de que sienta grandes deseos de convertirse en adulto. Al permanecer pasivo y dependiente de sus primeros vínculos, exige, como un niño, la satisfacción inmediata de todos sus deseos, incluyendo los sexuales.

Debido a la debilidad de las estructuras familiares y culturales, el joven no ha podido utilizar la irrupción del apetito sexual para abandonar a su familia con el fin de proseguir otro tipo de desarrollo. Estos jóvenes, privados de pruebas, de ritos de separación o de reparación, sienten vergüenza de hallarse aún en una situación infantil cuando son ya mayores, inteligentes y se hallan cubiertos de títulos. Todas las culturas han inventado ritos de iniciación que ayudan al cambio e invitan a la autonomía, «porque, en esos momentos, ni los padres ni el grupo cultural pueden ayudar [al joven] a prever y a remediar la angustia».[107] Normalmente, el «cuasi trauma» que provoca la cultura a través de los ritos de iniciación queda reabsorbido por las «defensas culturales» que atenúan el golpe y lo convierten incluso en una promoción humana.[108] Después de la iniciación, el niño se ha vuelto más

106 *Ibid.*

107 *Ibid.*, p. 103.

108 G. Devereux (1967), *De l'angoisse à la méthode*, París, Flammarion, 1980.

humano porque regresa al mundo de los adultos con un saber secreto que le convierte en otro hombre.

Todas las culturas han inventado ceremonias de iniciación que se presentan en forma de ritos de paso: comuniones religiosas o pautas de recibimiento de los recién llegados a una empresa. Habitualmente, las barreras de seguridad culturales impiden que estas ceremonias de recibimiento se organicen al modo de un sádico ritual de novatadas, pero si un joven ha sido traumatizado, o si no se encuentra a gusto en su familia, trata de huir de ella para intentar la aventura de una adolescencia precoz. Desde luego, puede huir, pero no habrá terminado su desarrollo. Se ve entonces arrojado a una sociedad que le acoge mal. Esta legión de adolescentes prematuros que no ha podido poner en marcha un proceso de resiliencia constituye la población en la que encontramos el mayor número de conductas sexuales de riesgo. En estas condiciones, el riesgo se convierte en una iniciación peligrosa que puede conducir a la destrucción.

La seguridad afectiva y la adquisición de responsabilidades sociales son los factores primordiales de la resiliencia

El simple hecho de continuar los estudios retrasa el primer encuentro sexual, espacia los actos y disminuye el número de parejas y de infidelidades. «[…] Los chicos y chicas que dejan pronto el colegio, escapan antes al control de su familia de origen y se ven […] llevados a comenzar su vida sexual sin dilación…».[109]

109 M. Bozon y H. Léridon, *Sexualité et sciences sociales*, París, INED/PUF, 1993, p. 1334.

Este precipitado compromiso social es muy diferente del de los jóvenes adultistas que se han visto obligados a abandonar a edad muy temprana a sus padres porque les pegaban, les insultaban o les agredían sexualmente. Estos jóvenes, al igual que aquellos que han accedido a las responsabilidades sociales, rara vez se embarcan en una sexualidad de riesgo. Su compromiso social y afectivo es muy diferente del estereotipo actual que sostiene que una chica violada se convertirá en prostituta y que un chico maltratado se volverá sádico. Antes al contrario, con frecuencia forman una pareja estable siendo muy jóvenes y son padres precoces, un hecho que, al responsabilizarles, testimonia la importancia que concedían a la familia que soñaban constituir. Este compromiso precoz dificulta sus estudios pero no suscita una sexualidad de riesgo.

Tan pronto como Jean cumplió los 15 años, abandonó el domicilio familiar para huir de su padre violento e incestuoso. A la edad de 18 años, compró un pequeño hotel cerca de una estación de deportes de invierno y después fue a buscar a su hermana de 16 años. Los dos muchachos arreglaron el hotel, trabajaron mucho para poder cocinar y servir las mesas, encontraron ocasión de casarse muy pronto, tuvieron hijos y hoy llevan una existencia propia de una estampa de Épinal. Siguen doloridos por su terrible infancia, pero su éxito social y afectivo les ha permitido evitar la disyuntiva trágica que se les planteaba: permanecer en su familia de origen, sometidos a todos los maltratos, o lanzarse a una sociabilidad impulsiva desprovista de proyecto. La mayoría de los vínculos de evitación se adentra tarde en la sexualidad. Son personas que siguen mostrándose fieles a unas parejas a las que no quieren y a las que no obstante terminan vinculándose. Y, lentamente, su estilo afectivo distante termina por volverse más cálido.

No es raro que las chicas con un vínculo ambivalente experimenten durante la pubertad unos deseos sexuales intensos que las angustian. Entonces, dejan de arreglarse, se visten con gruesos jerséis amplios o con blusas excesivamente grandes para que «sus pechos no atraigan a los chicos». Y en cuanto a los adolescentes torturados por la intensidad de unos deseos que no saben expresar, observamos que les «dan la vuelta hasta transformarlos en su contrario»,[110] que hacen voto de castidad o que emprenden unos estudios desmesurados que les permiten contener sus pulsiones sexuales. Los chicos más activos, los inhibidos o los delincuentes, y las chicas más verbales, intimistas o depresivas,[111] comienzan entonces una vida de relación en la que trabajan para realizar lo contrario de sus deseos, iniciando así una trayectoria de sublimación mórbida que les permite evitar el riesgo sexual.

Entre la población de los adolescentes que manifiestan una sexualidad desenfrenada, encontramos vínculos de diferentes tipos. Algunos jóvenes excesivamente formales experimentan de pronto un sentimiento de libertad al lanzarse a una sexualidad de riesgo. Encontramos a algunos jóvenes inhibidos que se muestran asombrados por la revelación sexual, y a algunos jóvenes que, tras haber reprimido sus deseos, se abandonan de pronto al desenfreno. Sin embargo, la mayor parte de esta población está constituida por jóvenes cuyo vínculo nunca ha recibido forma. Entonces, cuando se presenta la pulsión, se lanzan a unos encuentros arriesgados: su primera relación sexual tiene lugar hacia los 12 años. A la edad de 18 años, cuando los demás jóvenes de la población general tienen su primera relación sexual, ellos han tenido ya de seis a ocho parejas sin ninguna protec-

110 S. Ionescu, M.-M. Jacquet y C. Lothe, *Les mécanismes de défense: Théorie et clinique*, París, Nathan, 1997, p. 263.

111 J. E. Fleming y D. R. Offord, «Epidemiology of chilhood depressive disorders: A critical review», en *Journal of the American Academy of Child and Adolescent Psychiatry* 29, 1990, pp. 571-586.

ción. En Quebec, el 22 % de las chicas y el 10 % de los chicos de esa edad ha tenido incluso parejas con alto riesgo de transmisión del sida.[112] Al contrario de lo que sucede en las imágenes publicitarias que nos muestran a unas razonables chicas jóvenes que enseñan a su compañero masculino cómo protegerse, el 80 % de esas chicas no se protege nunca y espera que el chico tome la iniciativa. El embarazo precoz y la enfermedad sexual se convierten en el equivalente de una ruleta rusa, de un juego con el riesgo sexual y con la muerte.

Ya se trate de un adolescente que no sabe lo que vale porque ha disfrutado de un entorno excesivamente bueno y ha estado demasiado gobernado por unos adultos que decidían por él, o ya se trate de un joven que no sabe quién es porque ha quedado aislado y embotado por un entorno uniforme, la droga adquirirá para ellos un efecto de personalización. El vacío existencial queda súbitamente colmado por los actos sexuales, por los embarazos prematuros y por la adicción a las drogas, todo lo cual se erige al fin como un proyecto existencial, como una pasión.[113]

Por consiguiente, no podemos decir que un vínculo alterado conduzca al consumo de drogas o a la sexualidad inconsecuente, pero podemos afirmar que un vínculo sereno casi nunca conduce a estas situaciones. Cuando un sujeto tiene un proyecto de existencia en el que la sexualidad ocupa un lugar importante no tiene necesidad de proceder a la escenificación de su persona, y tampoco necesita convertirse en el héroe de una tragedia fangosa. Cuando estos jóvenes no están estructurados, la teatralidad de la droga les ayuda a proponerse una representación de sí mismos: «Por fin me sucede algo... He encontrado la droga...

112 J.-Y. Frappier, C. Roy, D. A. Morin y D. H. Morin, *L'infection au VIH chez les adolescents en difficulté de Montréal*, comunicación personal, 1997.

113 M. Lejoyeux, M. Claudon y J. Mourad, «La dépendence alcoolique: Données cliniques et psychopathologies», en *Perspectives psy* 38(5), diciembre de 1999.

Sé cómo procurarme dinero... Tengo muchas relaciones sexuales... Me convierto al fin en un sujeto». Tanto en una situación de vacío existencial como en una de plétora afectiva no sucede nada. La representación de sí no puede construirse. Todo acontecimiento resulta atractivo: la enfermedad que da sentido y crea al fin unas relaciones, los juegos de azar que erotizan el riesgo de perder en la partida, los juegos competitivos en los que uno descubre lo que vale, los simulacros en los que se pone en escena un ritual bárbaro, y los juegos de vértigo, como el paracaidismo o la escalada, en los que el riesgo de sufrir una caída crea el sentimiento de estar viviendo un acontecimiento extraordinario.[114]

114 R. Caillois, *Les jeux et les hommes*, París, Gallimard, 1960.

Conclusión

Hasta ahora, el problema era simple, ya que se estimaba que a cada golpe de la fortuna le correspondía un daño que era posible evaluar.

La ventaja de los problemas simples es que dan a los observadores la impresión de que resulta fácil comprenderlos. El inconveniente de los problemas simples es que hacen olvidar que un golpe de suerte es ante todo un acontecimiento mental. Esta es la razón de que sea preciso distinguir entre el golpe que tiene lugar en el mundo real y la representación que, de ese golpe, se elabora en el mundo psíquico. Ahora bien, los golpes que más desmantelan no son siempre los más espectaculares. Y la representación del golpe en nuestro mundo interior es una coproducción entre el relato íntimo que se construye el herido y la historia que elabora con el hecho su contexto cultural. El lisiado por la existencia se cuenta lo que le ha sucedido con el fin de recuperar el control de su zarandeada personalidad, mientras que el testigo prefiere recurrir a los archivos y a los prejuicios.

Al final de su vida, una persona de cada dos habrá padecido un acontecimiento que podríamos calificar como traumatismo, una violencia que la habrá empujado a codearse con la muerte. Una persona de cada cuatro se habrá visto confrontada a varios acontecimientos capaces de dejarla desmantelada. Una persona de cada diez no conseguirá librarse de su trauma, lo que equivale a decir que las demás, al debatirse y al comprometerse, habrán logrado remendar su personalidad desgarrada y recuperar un lugar en la aventura humana.[1]

Este aspecto dinámico del trauma explica la variabilidad que se observa en las cifras de la resiliencia. Las células para la intervención de urgencia tras un atentado o una catástrofe muestran que el 20 % de esa población violentada sufre por causa del acontecimiento traumático. Sin embargo, las descripciones clínicas y los estudios epidemiológicos son excesivamente estáticos. Su verdad es la verdad de los destellos. Como descripciones, «omiten la capacidad de evolución de los síntomas y [...], justamente debido a esta concepción estática, nos hemos visto en la necesidad de inventar la noción de resiliencia».[2] ¿Qué ocurre cuando uno escapa al trauma? ¿Qué proporción de heridos sufrirá una revivificación del horror cuando creíamos que ya lo habían superado? Estos interrogantes requieren estudios que se ocupen de ciclos de vida completos.

Sin embargo, todos han estado muertos, incluso aquellos que regresaron a casa sonriendo. Todos han estado en los brazos del agresor innombrable, pues se trata de la propia muerte, de la muerte «en persona».[3] Después es posible vivir, es posible incluso reírse de ello, cuando ya se ha regresado del infierno, pero el afectado apenas se atreve a confesar que se siente iniciado por la terrible experiencia. Cuando uno ha vivido entre los muertos, cuando uno ha vivido la muerte, ¿cómo confesar que se es un resucitado? ¿Cómo hacer comprender que el sufrimiento no es la

1 R. Yehuda, «Le DST prédicteur du PTSD», en *Abstract Neuro-psy* 168, junio-julio de 1997, p. 10.

2 M. Bertrand, «La notion du traumatisme et ses avatars», en *Le Journal des psychologues* 194, febrero de 2002, p. 22.

3 C. Barrois, «Traumatisme et inceste», en M. Gabel, S. Lebovici y P. Mazet, *Le traumatisme de l'inceste*, París, PUF, 1995, p. 19.

depresión y que lo que duele, con frecuencia incluso, es el retorno a la vida?

En la época en que no se reflexionaba sobre el proceso de la resiliencia, se pudo constatar que «los niños abandonados precozmente, o los niños que han padecido algún duelo, tienen una probabilidad de deprimirse al llegar a la edad adulta que es tres veces superior a la de la población en general...».[4] Sin embargo, desde que se brinda ayuda a estos niños para que puedan volver a la vida, el número de depresiones es exactamente el mismo que el observable en cualquier grupo humano.[5]

Para escuchar los testimonios de los supervivientes, basta con concederles la palabra: Gilgamés el sumerio, Sísifo el rey de Corinto y Orfeo el tracio descendieron a los infiernos. Aquiles ya había expresado el sentimiento de haber estado muerto. Los ejércitos napoleónicos dieron origen a un gran número de resucitados, como el coronel Chabert, al que Balzac hizo célebre. Dostoievski habló de la señal indeleble que dejó en su memoria «la huella de la casa de los muertos» en el penal de Siberia.[6] Con todo, es el siglo XX el que ha dado origen a la mayor producción de fantasmas: la guerra de 1914 a 1918 que nos cuentan Roland Dorgelès en *Le réveil des morts*, Henri Barbusse en *Le feu* y Hermann Hesse en *El lobo estepario*, nos indica hasta qué punto invaden la vida los resucitados.

El infierno del infierno fue construido con barracones de madera en los campos de exterminio nazis. Robert Antelme,

4 M. Toussignant, *Les origines sociales et culturelles des troubles psychologiques*, París, PUF, 1992, p. 122.

5 C. Sabatier, «La culture, l'immigration et la santé mentale des enfants», en *Psychopathotogie de l'enfant et de l'adolescent: Approche intégrative*, Boucherville, Quebec, Gaëtan Morin, 1999, p. 551.

6 L. Crocq, «Le retour des enfers et son message», en *Revue francophone du stress et du trauma* 1(1), noviembre de 2000, pp. 5-19.

expulsado de la especia humana,[7] y Primo Levi, considerado como un simple despojo, anulado como ser humano por una mirada que le esquivaba y le volvía transparente como una sombra, tuvieron que llevar luto por sus propias personas y se vieron obligados a convertirse en cadáveres entre los cadáveres. Jorge Semprún trató de callarse, de hacer «una larga cura de afasia para sobrevivir».[8] La negación le protegió al congelar una parte de su mundo, ¡hasta el día en que lo real le volvió a llenar la cabeza al ver un noticiario filmado que mostraba unas «imágenes íntimas» de amontonamiento de cadáveres en los campos nazis! «No hemos sobrevivido a la muerte [...] La hemos vivido [...] No somos supervivientes sino resucitados».[9]

Hay culturas en las que la resiliencia no es concebible porque la organización social no la hace posible. ¿Cómo va uno a volver a ser humano cuando no se le permite que aprenda el «oficio de ser hombre»[10] debido a que un accidente ha desgarrado la imagen con la que aparecía?

Sin embargo, cuando, a pesar del sufrimiento, se murmura un deseo, basta que otro lo escuche para que la brasa vuelva a dar llama.

Y cuando está a punto de expirar
En el último instante de la brasa
La guitarra penetra en la casa
Y el fuego retoma el lóbrego cantar.[11]

7 R. Antelme, *L'espèce humaine*, París, Gallimard, 1957 [trad. cast.: *La especie humana*, Madrid, Arena Libros, 2018].

8 J. Semprun, *L'écriture ou la vie*, París, Gallimard, 1994 [trad. cast.: *La escritura o la vida*, Barcelona, Tusquets, 1995].

9 *Ibid.*

10 A. Jollien, *Le métier de l'homme*, París, Seuil, 2002.

11 L. Aragon, *Le fou d'Elsa*, París, Gallimard, 1963, p. 417.

«Mi padre iba a volver [...], mi madre me prometía que a su vuelta todo iría mejor. Ella le convertía en un fantasma maravilloso, era el más amable, el más hermoso, el más fuerte, el más tierno, el mejor de los padres y estaba a punto de volver».[12]

No es ninguna locura querer vivir, y oír en el fondo del abismo un leve soplo que murmura que nos espera, como un sol impensable, la felicidad.

12 J. P. Guéno, *Paroles d'étoiles*, París, France-Bleu, 2002, p. 135.